AMPHITRYON

BIBLIOTHÈQUE D'ÉTUDES CLASSIQUES

AMPHITRYON

tragicomédie en cinq actes

André ARCELLASCHI

ÉDITIONS PEETERS
LOUVAIN – PARIS

1996

ISBN 2-87723-290-5 (Peeters France)
ISBN 90-6831-779-2 (Peeters Leuven)
D. 1996/0602/5

A Plaute,
par lui,
avec lui,
et en lui.

TABLE DES MATIÈRES

PERSONNAGES

MERCURE, *dieu.*
SOSIE, *serviteur d'Amphitryon.*
JUPITER, *dieu.*
ALCMENE, *femme d'Amphitryon.*
AMPHITRYON, *général.*
BLEPHARON, *capitaine de vaisseau.*
BROMIE, *servante d'Amphitryon.*
THESSALA, *autre servante.*
CHŒUR *des Journalistes.*

AMPHITRYON

La scène est à Thèbes, dans l'antiquité éternelle, une ville d'Europe, depuis peu, officiellement. En scène: Mercure. Il fait nuit. Il tient une lanterne. Autour de lui s'agite tout un corps et tout un chœur de journalistes.

PROLOGUE
MERCURE, CHŒUR DE JOURNALISTES.

Mercure: A vous tous, chers amis, ici rassemblés, d'abord la santé. Ensuite la prospérité.
La santé… Il y aurait beaucoup à dire, mais ce n'est pas mon job.
La prospérité… En revanche, je connais. Je suis même là pour.
       Pour parler de prospérité,
         à présent s'il vous plaît.
   C'est la seconde fois qu'on me consulte
         sur le culte, occulte,
           des affaires.
     La première fois, c'était Plaute,
       qui m'invitait à m'exprimer
        sur le monde des affaires
        de la bourse et des intérêts.
       Entre temps, j'ai prospéré.
      J'ai inventé l'E.N.A. et l'H.E.C.
     Et l'école supérieure de Commerce
    et le commerce des écoles supérieures.
    Le taux d'échange du dollar: c'est moi.
    La parité du franc et du mark: c'est moi.
    La crise et la reprise: c'est toujours moi.
Alors, Mesdames et Messieurs, quand on a la chance

d'avoir en face de soi
un artiste tel que moi,
chapeau bas, s.v.p.,
on écoute, et on la ferme.
Silence, et on prend des notes.
On se tait, et si l'on a envie,
dans son commerce ou son négoce,
à l'achat comme à la vente,
d'une intervention de ma part
pour dégager un bon bénéfice —.
De même, si l'on a besoin d'un coup de main,
dans la pratique,
ou d'un bon tuyau,
pour la prospective,
et la perspective
positives
dans l'import ou dans l'export —.
De même, si l'on désire
de bons gros profits
et une augmentation des revenus bruts
de son entreprise,
à court ou long terme —.
De même, si l'on veut bien disposer
par mon canal
des meilleures informations
et des dernières nouvelles
à usage individuel
ou familial
voire national —.
On sait assez en effet
que ma destinée
forgée par la volonté des divinités
est d'exercer un double ministère:
ministère de l'information
et ministère du profit.
Alors… C'est bon sang bien sûr:

si l'on souhaite
être entendu et exaucé
au sujet de la demande
qu'on m'a adressée, en trois exemplaires,
avec supplique pathétique de rigueur,
et le timbre pour la réponse —
encore une fois, il faut se taire
et écouter
la comédie divine
que voici,
la comédie humaine
que voilà.
Et d'ailleurs, pour en finir avec la démagogie,
c'est à vous tous que je veux en appeler,
à vous tous, innombrables spectateurs
juges justes et équitables,
arbitres, agréés par toutes les fédérations,
qui allez dire et faire savoir
tout le bien que vous pensez
du spectacle de ce soir,
quand le rideau sera tombé,
à moins que vous ne préféreriez
les mettre en pièces
— la pièce et le rideau —
quand la pièce sera tombée?
Mais laissons cela,
car j'ai bien d'autres choses
encore à vous dire.
D'abord, le nom de l'auteur
de la mission qui m'a été confiée ici,
et aussi le motif de cette mission
sans oublier de décliner
ma propre identité.
Alors, voyons: ordre de mission...
nnn... je passe... établi au nom
de Mercure, c'est moi... signé:

Jupiter, c'est mon papa.
Comme vous le voyez, vous assistez à une première,
vous suivez grâce à moi l'événement sur le vif,
et je m'étonne un peu de ne pas voir ici
débouler mes assistants fidèles,
les médiatiques journalistes
que je fais payer grassement pourtant
et pour le travail qu'ils fournissent.
Ah! mais les voici quand même qui débarquent...

Une journaliste: Oui. Non. Bonsoir Madame. Hein? Bonsoir Monsieur.

J'ai pas le retour dans le casque.

Merc.: Ah! pour ça, autrefois on savait fabriquer de bons casques, avec des ailes de chaque côté pour le retour.

La journ.: Allô, Bonsoir...

Merc. (*à un assistant*): Pourquoi dit-elle bonsoir dès l'aube? Qu'on aille la coucher avec un biberon de résiné.

L'assistant: Mais non, votre divinité fait erreur, elle ne boit pas; l'émission passera ce soir, voilà tout, en conserve et en boîte, comme les petits pois.

Merc.: Je ne suis pas chiche de ces pois là.

La journ.: Nous sommes, chers spectateurs, en direct du Palais, plus exactement devant les portes du palais. Un individu, style technicien de surface et porteur d'une lanterne, prétend être le fils de Jupiter et dieu lui-même, venu apporter la bonne nouvelle d'un dieu présent parmi nous. Dans la rumeur qui nous entoure, il est difficile de comprendre ce qu'il dit. Je lui passe donc le micro. A vous, Mercure.

Merc.: Oui, je suis bien là, moi, fils du dieu suprême. C'est lui qui m'a envoyé, pour vous adresser une prière,
pas un ordre,
car il sait bien que vous l'aimez et craignez
comme de bons fidèles au culte de Jupiter.
J'insiste sur l'aspect prière:
L'ordre est formulé avec des rubans et des fleurs.

En fait, mon Jupiter de père, n'est qu'un mec
comme vous et moi: il a l'épine dorsale douloureuse
et l'échine douillette et endolorie.
Bref, il joue les grandes divas,
qui oublient malgré tout
qu'elles sont le fruit des amours
d'un père mortel
et d'une mère humaine.
Mais il fait si bien l'acteur que
moi aussi, son fils,
j'ai les côtes sensibles.

Journalistes: Alors quoi? Soyez plus clair: qu'est-ce que vous
voulez nous apporter?

Merc.: Moi?... mais bien sûr pacifiquement la paix.

Journ.: Et dans quels buts?

Merc.: Je souhaiterais obtenir de vous une chose juste et facile.

Journ.: Mais quoi encore?

Merc.: Juste, je suis envoyé parmi les justes, justement, pour une
demande juste.

Un journaliste: Soyons plus clair!

Merc.:   Bien: chercher l'injuste auprès de justes,
voilà l'erreur
— vous n'êtes pas d'accord, —
chercher le juste auprès d'injustes,
là est la folie,
et vous n'êtes pas plus d'accord?

Journ.: Que voulez-vous dire?

Merc.: Rien d'autre que ceci: les gens deviennent intolérants et
donc injustes chaque fois qu'ignorant le droit ils ne l'obser-
vent fatalement pas. Ouf!

Journ.: Merci de ces précisions qui montrent en vous comment
s'opère la subtile synthèse impossible entre le tout et le rien.
Pouvez-vous, Votre Sérénité, nous faire une autre déclaration
exceptionnelle et exclusive?

Merc.: Pourquoi non? Il ne saurait y avoir de mystères entre nous.
Sinon ceci:

Votre attention s'il vous plaît.
On écoute et on exécute.
Votre devoir est de vouloir ce que nous voulons.
Mon père et moi, nous avons rendu suffisamment
de petits services
à vous tous,
en privé,
en politique,
pour que vous craigniez,
de notre part,
de désagréable sévices.
Mais tout va bien.
Et à quoi bon rappeler les guerres
et les combats,
sur terre et sur mer...
On chante la gloire de Neptune
et celle de Mars et de tous les autres...

Soyons sérieux: c'est tout de même papa qui a décidé de tout ce penchant du cours rédhibitoire de la marche de l'histoire. Allez! Quoi que l'on puisse dire: mon papa est toujours le seul roi des dieux; et d'ailleurs il ne cherche pas particulièrement les marques de reconnaissance. Il connaît votre mérite et il sait votre profonde gratitude.

Il fera, en conséquence, tout son possible divin et fatal pour vous et les vôtres. Ainsi soit-il!

Journ.: Tout cela est bel et bon, mais sans doute pourriez-vous encore, cher maître-saint, nous révéler ce que vous êtes venu nous demander?

Merc.: Mais bien naturellement! Je vais donc d'abord vous dire ce que je suis venu vous demander. Apres quoi, je vous raconterai le sujet de cette tragédie.

— Tragédie!

— Ben quoi!

— Ben oui!

J'en vois qui froncent le sourcil.
J'en vois qui plissent le front.

Faut pas en faire un drame, parce que j'aurais dit,
comme ça et pour rire,
que ce serait une tragédie!

Journ.: Tout de même, tout cela ne laisse pas de nous imprégner
de l'angoisse d'une sournoise anxiétude.

Merc.: Allons, mesdames et messieurs les journalistes: Je suis un
dieu. Et qui plus est: le dieu des journalistes!
Vous n'avez qu'à demander.
Cette pièce
si vous le souhaitez,
j'en ferai
une tragédie
ou une comédie,
sans changer un seul mot,
sans choquer un seul sot.
Mais ne suis-je pas moi-même
ridicule de feindre de ne pas connaître
le fond de vos désirs secrets
moi qui suis un dieu!
Petits vicieux! Allez:
pour vous je vais faire une tragi-comédie.

Journ.: Estimez-vous convenable de transformer d'un bout à l'autre
en comédie une pièce où paraissent des dieux et des rois?

Merc.: Naturellement pas.

Journ.: Alors?

Merc.: Ben...   puisqu'ici aussi un esclave
tient un rôle important,
je vais vous faire,
comme je l'ai dit, de tout ceci
une tragi-comédie.

Journ.: Et quoi encore?

Merc.: Bon! Encore ceci:
Jupiter, mon pater, voudrait que l'on ait l'œil
sur les acteurs,
pas de clique et pas de claque,
pas de fanas et pas de tiques,

et que si un spectateur, sectateur d'un acteur,
siffle les autres membres ou prétendus tels,
de la troupe,
ordre de Jupiter:
qu'on lui taille des croupières
de la croupe au croupion!

Journ.: Mais pourquoi une telle animosité jupitérine?

Merc.: Elle n'est pas jupitérine mais tout simplement joviale, si
vous connaissez vos déclinaisons,
disons: jobarde, pour les barbares,
mais bon: aujourd'hui, c'est un fait, Jupin s'intéresse aux
acteurs.

Journ.: Ah! Voyez-vous ça, et pourquoi donc?
Si ce n'est pas indiscret?

Merc.: La discrétion ne fait guère partie des fantasmes divins.
Discret un dieu: jamais
Discourtois, en revanche, jamais non plus.
En fait: si, aujourd'hui papa s'intéresse aux acteurs
c'est qu'il va paraître, bientôt,
devant vous sur les planches,
et qu'il va jouer, lui-même,
sous vos prunelles,
dilatées
et vos pupilles
éclatées:
en direct et en couleur.

Journ.: Non!

Merc.: Mais si! Et d'ailleurs, je le répète, cette pièce, Jupiter, —
papa —, va la jouer lui-même et moi son fiston, en même
temps que lui.

Journ.: Mais où se situera l'action de ce drame divin?

Merc.: Ici, écoutez moi bien, à Thèbes dans l'Europe nouvelle. Du
reste, la maison que vous voyez, là, de ce côté, appartient à un
illustre Thébain: Amphitryon, général des armées.
Amphitryon vient de se marier
tout juste avec Alcmène,

la fille d'Electryon.

Ça en fait des — yons.

Il y a de l'électricité dans l'air des histrions.

La belle suscite la passion.

D'autant plus qu'Amphitryon,

à la tête de ses légions,

brave comme un lion,

est parti pour la guerre.

La der des ders,

la dure des dures,

la machino des machina,

la Maginot, qu'imagina

la nation thébaine

pour en finir,

avec la race télébœnne,

ou pour périr,

de haine,

de hargne,

de rogne,

de rage,

de sueur,

de sang,

de pleurs, de peurs

des amants morts, la fleur au front.

Journ.: Mais qu'a donc fait cet Amphitryon?

Merc.: Ce qu'il a fait? D'abord, en quittant le pays pour se rendre au front, il a fait ce qu'il fallait…pour mettre enceinte Alcmène, sa douce et tendre.

Journ.: Oui, et alors?

Merc.: Alors… Vous savez quelles sont les manières de mon papa à moi en pareille matière? Quand il a vu le tableau, le beau militaire quittant sa jolie petite femme, il a craqué!

Journ.: Non! Pas possible!

Merc.: Mais si! C'est comme je vous le dit: vous connaissez bien papa et comme en pareille situation il a peu de scrupules pour fondre d'amour devant une petite qui l'a touché de pitié,

d'abord, et ensuite chatouillé dans sa jalousie de Dom Jovani;
il y voit comme une sorte de mauvaise dérivation de son
propre génitif: Jovis! Allez donc savoir? Quoi qu'il en soit, il
est d'un seul coup tombé éperdument amoureux de la
mignonne Alcmène, d'autant que son mari l'avait laissée
toute seulette et tristounette, pour aller à la guerre.

Ainsi,

à l'insu,

et en l'absence,

du mari,

l'amant à pris sa place,

il a conquis les faveurs de la dame

et hop! la jolie se retrouve doublement enceinte.

Journ.: Comment cela?

Merc.: Vous voudriez peut-être une démonstration en direct? Vous
n'aurez qu'à utiliser l'une de vos expressions, tordue et incon-
tournable, dans le genre: selon des informations en provenance de sources directes (il n'y a pas de source plus directe
que moi) et selon certains renseignements confirmés, le bulle-
tin de santé de la générale Alcmène laisse apparaître la men-
tion d'une double grossesse. La générale serait ainsi lourde-
ment porteuse d'un double fruit, dû à l'intervention successive
et consécutive — un —, de son mari et, — deux —, du grand
Jupiter. Là! Je suis assez clair?

Journ.: Certes, mais où se trouve actuellement Jupiter?

Merc.: C'est une plaisanterie ou quoi? Où voulez-vous qu'il puisse
être? Au moment même et tandis que je vous cause — en
direct — pour le journal du soir, où voulez-vous qu'il soit
papa? Hein? Tiens, pardi et par Zeus: en ce moment, il est ici;
le voici au lit, olé! dans la résidence générale, sous la couver-
ture et dans les draps d'Amphitryon et dans les bras d'Alcmène. Quel tableau! Quelle santé! Ça n'en finira jamais!

Journ.: Justement cela risque de nous poser un problème horaire,
en fonction de la durée limitée du journal télévisé…

Merc.: Je vous comprends d'autant mieux que pour ce qui me
concerne,cette modification de *timing* m'a demandé un effort

tout particulier. J'ai voulu que la lumière du jour ne les dérange pas. Mais comment faire? Il y a toujours cet imbécile de Soleil qui se lève avec les coqs parce qu'il se couche avec ses poules. Comment l'empêcher d'aller promener sa grande andouille dans le ciel dès l'aube et sa première envie de faire pipi? Résultat: hier, j'ai dû passer la soirée, en tête à tête, avec cet astre sidérant. Il est d'un pénible! En dehors de ses problèmes de char et de chevaux, rien ne l'intéresse! On m'avait dit qu'il était encore plus bête que sa sœur. Je ne voulais pas le croire: mais c'est vrai: il est encore plus con que la lune. J'ai tout essayé pour lui expliquer la situation et les ordres de papa. Rien à faire! Il récitait son règlement. C'était pas à lui, vieux et haut fonctionnaire et dignitaire («classe exceptionnelle») qu'on allait apprendre la chanson. Les dieux n'avaient qu'à savoir prendre leurs précautions. Il connaissait des agences touristiques qui garantissaient, pour peu cher, des séjours tout compris aux pays des nuits éternelles, des cieux qu'il ne traversait qu'en bout de semestre, et encore, quand il n'avait pas épuisé son contingent d'heures complémentaires et qu'il devait boucler son emploi du temps. A la fin et à bout d'arguments, j'ai fait renouveler les coupes. Rien que du bon et du meilleur. C'est fou ce que le Soleil peut se donner soif à lui-même! Bref, ce matin, les vapeurs de l'aurore ont pour lui les couleurs roses les plus vineuses. Il est dans un grand champ de roses qu'arrose un ruisseau de champagne rosé. Fleur parmi les fleurs, il respire les senteurs de ses propres odeurs. Et voilà pourquoi cette nuit sera la plus longue dans la mémoire de l'humanité et de celle de la divinité.

Journ.: Les travestissements obsessionnels de Jupiter n'ont d'égaux que la diversité et la recherche des émotions qu'il emploie à la réalisation de ses fantasmes. Pouvez-vous nous préciser, aujourd'hui, la nature de son déguisement?

Merc.: Je croyais l'avoir dit: papa est tout simplement dissimulé sous les traits et les habitudes d'Amphitryon. Pour le costume, à l'heure qu'il est, il n'en fait pas gros usage, l'ayant rapidement laissé tombé sur la carpette, au chevet du lit.

Journ.: Il est bien vrai que l'on aurait trop tendance, de nos jours, à brimer le corps dans ses aspirations à la liberté et dans la juste expression de sa nudité harmonieuse...

Merc.: Merci; ça suffit comme ça; c'est très bien; vous parlez à des dieux, pas à des directeurs de cabinet de ministre! Passons! Et d'ailleurs, à propos de ministres, vous me voyez de vos yeux habillé en esclave. Ministre ou esclave, quelle est la différence? Il n'empêche que ce costume nouveau me gêne et me gratte aux entournures. Le metteur en scène a souhaité rajeunir cette vieille histoire, et bon: me voici costumé en esclave antique! Le génie se fait rare! Mais peu importe: après tout, cela colle avec la situation. Papa est au plumard avec la femme de celui dont il a pris, en plus et en prime, les traits. Brave général, cocu et chanceux. Pour moi, j'ai donc pensé astucieux d'épouser les traits — les traits seulement — de Sosie, l'esclave d'Amphitryon, qui est parti au front avec lui. Comme ça, je vais pouvoir servir facilement les amours de papa. Les autres esclaves me laisseront aller et venir sans me poser de question. De la sorte, je me glisse déjà jusqu'à la porte entrebâillée de la chambre. Papa est bien à l'intérieur. Il s'amuse à quelques fantaisies délicates. Et puis, il se repose, tenant dans ses bras l'objet de ses désirs. Toujours au lit, le voilà qui se met à raconter à Alcmène le déroulement de la bataille. Elle est fière de son mari, qui n'est pourtant que son amant. A l'instant même où je vous parle, il est en train justement de lui raconter comment il a mis en déroute les légions ennemies et rapporté des récompenses extraordinaires. En vérité, ces objets d'art, qui ont été donnés en cadeau à Amphitryon, là-bas, nous, nous les avons fait disparaître. Il est facile pour mon père de dérober — sans jeu de mots — ce qui lui plaît.

Journ.: De cette manière quasiment divine et socialiste, après avoir renversé le cours du temps, voici que vous bousculez en plus l'essence même des choses et de la réalité. Passe encore que l'on veuille se défigurer, mais pourquoi toucher au temps et à la matière?

Merc.: Pourquoi faire simple quand on peut tout compliquer? A quoi bon être un dieu, si l'on ne peut pas détraquer les pendules, renvoyer la lune dans ses quartiers, se faire dérailler un train et s'écraser un petit avion, par-ci par-là? La divinité commence là où l'humanité oublie la raison. Les dieux n'apprécient pas le roman réaliste et ils ne lisent pas du Zola. Holà!

Journ.: S'il est vrai que les grandes leçons nous viennent d'en haut, celle-ci paraît vraiment céleste!

Merc.: Bavardages et balivernes! N'essayez pas, pauvres mortels que vous êtes, de comprendre ce qui se passe dans la tête d'un dieu. Et puis, ça va bien comme ça! Je poursuis mon discours à la fois solitaire et socialiste. Donc, aujourd'hui va venir le jour qui verra le retour d'Amphitryon de la guerre. Il sera accompagné d'un esclave: celui dont j'ai pris les traits.

Journ.: La situation se complique tellement qu'elle ne passera jamais à la télé. Aucun spectateur n'y comprendra quoi que ce soit!

Merc.: Compris! Pour faciliter la distinction entre nous et pour permettre une plus grande clarté dans l'esprit (?) de vos spectateurs, je vous propose ceci:

pour ma part, j'aurai toujours des plumes au chapeau; quant à papa, il portera toujours sous son chapeau son cercle d'or. Amphitryon n'aura pas cette marque distinctive.

Comme de bien entendu, les gens de la maison ne verront pas la différence, mais vous, nobles spectateurs, par miracle, vous la verrez.

Ah! Mais voici Sosie, l'esclave d'Amphitryon.
Il arrive tout juste du port.
Il porte sa lanterne allumée.
Attendez un peu qu'il approche: je vais lui barrer
l'accès de la maison.
Votre attention s'il vous plaît: le spectacle va en valoir la peine,
ce n'est pas tous les jours,
qu'on peut voir Jupiter et Mercure, sur la même affiche,
jouer ensemble la comédie!

ACTE I Scène 1

SOSIE, MERCURE ET LE CHŒUR DES JOURNALISTES.

Sosie: Y a pas un type plus courageux que moi,
           pas un mec plus gonflé que moi,
           pour oser se balader seul,
           en pleine nuit.
           Avec tous ces jeunes
           et toutes leurs mauvaises façons
           de méchants garçons.
           En plus, si ça se trouve,
           c'est moi que les flics
           enverront à la fourrière,
           d'où demain je sortirai,
           comme d'un panier à salade,
           pour aller direct,
           tâter de leurs matraques.
           C.R.S.: S.S.!
           Et pas d'avocat commis d'office,
           et pas d'assistance patronale ou publique,
           et pas une seule créature pour me plaindre,
           tandis que sur mon dos,
           comme sur l'enclume,
           huit costauds baraqués
           se feront les biceps.
           Ouille et ouille,
           gratouille et ratatouille!
           Ah! voilà le bel accueil,
           officiel et le beau pot de retour,
           qu'au titre des affaires étrangères,
           m'offrirait le gouvernement actuel!
           Et tout ça à cause que Monsieur

s'impatiente, et que le patron
m'a envoyé, à cette heure!
En pleine nuit!
Sans mon avis,
du port pourri,
jusque ici!
Comme si son colissimo,
n'avait pas pu attendre
la première levée,
je veux dire: celle du jour?
Mais c'est ainsi, et il y a plus de peine
à servir un grand, qu'un bourgeois,
un pape qu'un pope,
un Préfet qu'un Sous-Préfet,
un pianiste à queue, qu'un épinétiste sans queue!
Le service est plus dur,
chez les riches,
et plus dure aussi la misère,
de l'esclave, pour qui
il y a toujours quelque chose
— quelque chose, à faire,
— quelque chose, à dire,
nuit et jour,
sans arrêt,
sans jamais,
de repos,
ni jamais,
de répit.
Un riche, ça ne connaît
ni la privation, ni la peine,
et ça croit possible,
tout ce qui lui passe dans sa tête.
Tout lui semble facile,
et tout lui paraît normal,
agréable et sans effort.
Peu lui importe que son ordre

soit justifié, ou non: allez! —
Le métier d'esclave n'est plus ce qu'il était!
Les ennuis, les tracas, les tourments
vous accablent et vous terrassent,
et malgré tout: debout, il faut se relever,
prendre sa croix, et la porter,
avec peine, comme une passion.

Mercure: Voyez-moi cette vermine, cette racaille, cette race d'esclave qui, si on n'y prenait pas garde, vous les ferait griller
en brochettes,
au barbecue.
C'est plutôt moi, qui pourrais me plaindre d'être un esclave.
Jusqu'au jour d'aujourd'hui, j'étais un être libre.
Et papa tout à coup m'a réduit à ce rang,
qui m'offense, et qui me désacralise et me tue.
Mais l'autre, qui se plaint de son métier d'esclave,
est né pourtant esclave, et fils des enfers.

Moralité:
Mes bonnes dames,
il n'y a plus,
de bonnes bonnes,
ni de bons bons!
A moins que celui-ci
n'éprouve quelqu'envie
d'exprimer son avis?

Sos.: (*sans le voir ni l'entendre*)
Justement, vraiment,
je suis un manant,
qui fait du roman,
sur les faits patents.
Mais je suis un grand coquin d'esclave:
un grand vaurien même.
En arrivant, je n'ai pas songé à invoquer les dieux
et à leur rendre grâces de tous leurs bienfaits!
C'est sans doute mieux ainsi, parce que si je voulais
qu'il me récompensent selon mon mérite,

ils m'auraient déjà envoyé,
à titre de comité d'accueil,
un champion de boxe-au-poing-américain,
qui m'aurait démoli la trombine,
par K.O. au premier round
et manque d'hémoglobine,
pour leur avoir montré
un fond d'ingratitude
et de foncière indifférence!

Merc.: En voilà un au moins qui ne se fait pas d'illusions sur ce
qu'il mérite...

Sos.:   Ce que je n'aurais jamais osé espérer,
ce qu'aucun citoyen n'aurait pu envisager,
s'est réalisé:
nous rentrons au pays sains et saufs;
les légions reviennent victorieuses,
après avoir vaincu les ennemis.
La très grande guerre est finie
et l'ennemi totalement anéanti.
La nation qui a endeuillé notre cité,
par la mort de tant de jeunes héros,
la voici vaincue et occupée,
grâce à la vaillance
de nos petits soldats,
grâce aussi aux qualités de chef,
et à la foi inébranlable,
de mon maître Amphitryon.
C'est lui, oui c'est lui qui a enrichi
les citoyens de Thèbes de butins et de terres
sans parler de la gloire,
et c'est lui qui a raffermi sur ces bases
le trône de notre bon roi Créon.

Chœur des journalistes: Tout cela ne nous dit pas ce que vous
venez faire dans cette affaire.

Sos.: Moi? Mais précisément, j'allais vous le dire.
Amphitryon m'a dépêché en estafette du port à la maison.

Mission: donner les dernières nouvelles à son épouse,
et raconter à Madame comment il a mené les affaires de l'Etat,
grâce à son sens du commandement
et grâce à sa confiance dans les dieux…
A présent et avant d'arriver au Palais,
il faut que je réfléchisse.

Journ.: A quoi?

Sos.: Ben: à la manière dont je vais débiter mes salades.
Faut avouer d'ailleurs que si je lui balance des bobards,
j'agirais tout à fait selon mes habitudes.
En effet, quand on était au plus fort de la bataille,
moi j'en était au plus fort de la pagaille.
Mais je ferais semblant
de n'avoir pas eu la trouille
et de m'être trouvé, à l'avant,
au cœur, de la courageuse patrouille.

Journ.: Reste à savoir trouver le ton juste.

Sos.: Justement, c'est à ça qu'il faut que je médite,
ici, avant d'arriver là-bas.
(*Un temps*)
Ça y est: je tiens mon début:…

Journ.: Wuah!

Sos.: Silence, nom de Zeus! C'est pas facile de décrire
ce que l'on a ni vu ni vécu…
C'était par le silence d'une profonde nuit…

Journ.: Mais non, voyons, il faisait jour, c'était l'aube, l'aube du
débarquement, du jour le plus long même!

Sos.: Exact: reprenons pour moi:
L'Aurore aux doigts de roses
avait à peine sorti,
de sa trousse endormie,
sa lime à ongles…euh! —
sa lime à ongles roses,
que déjà émergeants de nos barges,
sur les berges ennemies, nous débarquâmes.
Ce fut le grand débarquement,

le grand chambardement.
Aussitôt que nous eûmes,
d'un pas humide,
posé le pied à sec,
sur la terre ferme,
le pied sec mais le derrière trempé,
aussitôt et sans attendre, Amphi,
réunit en conseil l'élite des chefs.
Il les nomme Ambassadeurs,
plénipotentiaires et extraordinaires
auprès des Téléboens, avec mission
de leur signifier ses intentions.
Journ.: Pourriez pas un peu parler comme tout un péquin?
Sos.: Mais bien sûr Messieurs-Dames et au style direct même!
Je reprends donc: s'ils consentent eux, les adversaires,
sans violence et sans guerre,
à libérer les otages,
à livrer les ravisseurs,
de petites filles,
de petits garçons,
de vieux garçons,
et de vieilles filles,
s'ils rendent leurs prises,
et restituent leurs proies,
Amphitryon, immédiatement,
et quasiment, sur le champ,
ramènera ses troupes à la caserne;
évacuation des territoires occupés;
retour à la vie paisible;
fin du couvre-feu.
Mais, s'ils ont d'autres intentions,
et s'ils ne restituent pas les recherchés dans l'intérêt
des familles alors là, ça va barder:
il y mettra la gomme de tous ses hommes,
et il vous dégommera ces gommeux,
comme,

des pommes,

voire,

des poires.

Et il assiégera leur ville d'assaut.

Journ.: Bravo! bien dit! Et alors!

Sos.:   Alors! Quand leurs excellences ambassadeuses

eurent répété leur message sans ambages,

dans les nonores ensablées de ces Portugais,

ce peuple fier fait la sourde oreille, et,

confiant dans la valeur de ses forces,

il tient à nos excellences,

issues des concours de Sciences-Po,

à peu près ce langage,

et ce plumage,

ou ce ramage,

de Rois Mages: …

Journ.: On en peut plus! Attendez! On change les piles! Et quelle

fut donc le fond de la teneur de cette déclaration?

Sos.: En bref et en clair, ils nous déclarèrent ceci: on en à rien à

foutre de vos gonzesses d'ambassadrices,

d'ailleurs on vous les renvoie intactes,

qu'ils aillent se mirer dans d'autres carreaux grecs,

nous on est des mecs,

capables de se défendre sec,

et de faire du hachis parmentier,

de tous ces frisés de cette armée,

qui feraient mieux,

comme des vieux,

de battre la retraite,

de prendre leur retraite,

ou de se livrer à la traite,

de leurs maquerelles contaminées et traîtres.

Journ.: Ah! comme il parle d'or et dur! Mais qu'il nous dise

comme une bise rapide la suite de l'évolution de la situa-

tion.

Sos.: Pour la bise, faut payer. Moyennant quoi, je poursuis.

Lorsque l'élite ambassadrice de nos chefs eut transmis,
à l'état-major, la nouvelle que les ennemis
avaient déclaré qu'ils n'en avaient rien à glander,
notre Général, soudainement,
dans la cour de la caserne du débarquement,
qui n'était autre qu'une cour de ferme,
se mit à taper du pied.
De rage, il ressemblait à Fred Astair,
et il jouait des claquettes,
clic et clac,
squelette d'un claqué,
et soudain d'un coup sec,
le voilà qui secoue,
les cous et les croupes,
de ses vieilles troupes:
dans un râle puissant autant que formidable,
il s'écrie: ah! les vaches!
Et puis, se reprenant,
fièrement il ajoute:
la peau de ces andouilles,
c'est du toc,
c'est du plastic!
Allez-y mes braves:
à l'assaut,
à l'attaque,
à l'attaque attique,
à la tic au tac,
avec ce tact antique,
avec le trac en stock!
Bref: je résume: en avant les morts!
Et debout les morts!
et laissons les morts
pleurer les morts!
Journ.: Magnifique! Quel talent! On s'y croirait comme si on y
serait, grâce à la syntaxe et à la lexicologie avertie, choisie et
d'une raffinerie exquise!

Sos.: Parlons, plutôt, d'un raffinage total… Mais revenons à nos troupions. On parle généralement de comique troupier. Il faut être général pour s'amuser de ces bêtises! La linguistique fait ses ravages maintenant au sein des états-majors, faute de trouver d'autres exutoires… Mais quoi: la guerre est déclarée. Partout retentissent les messages. A l'extérieur, sonnent les sirènes.
A l'intérieur, clament les clameurs, qui, de la Bretagne majeure, après un tourniquet de moulinette vous prédisent le retour des hirondelles. Tout cela pour dire avec quelle élégance que, en face, les chers Téléboens font sortir leurs troupes, armées à la dernières mode et jusqu'aux narines. Pas un bouton de guêtres qui ne déclenche son ordinateur de bombe exterminale!

Journ.: Ah! Quel vrai spectacle!

Sos.: Plus que du vrai: du pur, de l'authentique spectacle antique.
Deux armées se font face et se font front.

> Ainsi font, font, font,
> les petites marionnettes,
> ainsi font front, front,
> les petites troupionnettes.

Journ.: Une fois que d'un côté et de l'autre on est sorti en force, que se passe-t-il?

Sos.: Il se passe…des choses:

> les hommes s'alignent,
> les rangs s'alignent,
> nos légions s'alignent.
> à la mode de chez nous,
> et les ennemis disposent
> leur armée, à la mode
> indigène de chez eux.

Journ.: Et où en sont les généraux, les chefs?

Sos.: J'allais vous en toucher un mot:

> quand ces préparatifs sont achevés,
> les deux commandants en chef
> sortent de leur état major;

entre les lignes du front,
sous les regards des combattants
des deux armées opposées,
ils se rencontrent,
pour un entretien au sommet,
et la relecture commentée,
des conventions de Genève,
à savoir:
que les vaincus crèvent,
et, qu'avant de crever,
ils livrent aux vainqueurs,
leur ville et leur pays,
leurs femmes et leurs enfants,
leurs belles-mères et leurs concierges,
leurs flics et leurs aubergines,
leurs dames-pipi et leurs dames catéchistes,
et qu'ils laissent sous le paillasson,
la clef de leur maison,
sans oublier de léguer leur corps,
à la faculté,
de médecine,
qui dispose
d'un four crématoire
et d'un incinérateur,
super branchés,
à chaleur tournante,
et autonettoyante,
sans odeur,
sans douleur,
ni fleurs,
ni couronnes,
tout pour la quête,
tout pour le cancer,
tout pour la quéquette,
le sida et les microbes,
les maquereaux et les macrobes!

Journ.: Bravo! L'orateur! Bravo! Les généraux! Quelle classe!
Quel sens de l'Administration et du devoir public, du sacrifice
collectif pour la Sécurité Sociale, la santé et la vaccination
infantile, pré-pubère et postnatale, préventive et post-mortem!
Sos.: Merci pour tous! Passons à la suite: séquence suivante!
Moteur! Clac! On tourne!

Après cet entretien
capital des capitaines,
les trompettes sonnent
et la terre résonne,
on pousse les cris de guerre,
le sol tremble et se fait dièse,
un peu las d'être fat,
on entonne:
la marseillaise,
la polonaise,
la javanaise,
à chacun son Chopin,
et son Minuit-Chrétien.
J'anticipe, mais comme je n'y étais pas
cela n'a guère de conséquence,
sinon pour quelques inconséquents,
qui ne s'y retrouvent pas:
depuis le temps,
qu'on nous dit,
qu'il faut laisser,
le temps au temps,
— paroles de Président —.
Ben, voilà, ça y est,
on y est: tout mêlé,
tout s'emballe et
tout s'embrouille,
fini le bal,
finies les bouilles!

Journ.: Comment est-ce qu'il cause distinctement et avec quelle
distinction, maman!

Sos.:   Dans les deux camps,
les commandants
se font implorants,
pour Jupiter tonnant.
Dans les deux camps,
ils vont exhortant,
leurs militants,
leurs militaires,
leurs adjuvants,
leurs adjutaires,
leurs adjudants,
leurs juteux,
leurs pisseux,
leurs morveux,
leurs merdeux,
mais je m'emporte!
Laissons plutôt le micro
aux dernières paroles
des joyeux mourants
au combat, mais fiers:
et debout les morts!

Journ.: Pam! Pam! On pamme! Le style! Le fond et la forme!
Wuah!

Sos.: N'exagérons pas et attendons la suite! Elle sera grande mais
très triste.
Voilà:

chacun lutte à sa place,
défend le moindre pouce
de terrain, sans crier pouce!
Même s'il y laisse un pouce!
le sang pousse la sueur,
et empourpre le sol.
On frappe le fer
on croise le fer
on brise le fer;
le ciel entier retentit

du vacarme des armes,
des cris des hommes,
des plaintes des âmes,
des mecs qui respirent,
des mecs qui transpirent,
des mecs qui expirent.
Tout ce halo,
toute cette haleine
haletante forment, en haut,
un nuage et une nuée qui montent,
au firmament tandis que sur le champ
de bataille sanglant tombent les braves
qui rendent un semblant de dernier soupir dans la poussière...

Journ.: Très vivant, ce dernier tableau macabre! Beau travail!

Sos.: Mais qui donc est ce pantin (*Il désigne Mercure qui mime tout ce que dit depuis le début Sosie*), qui s'agite derrière mon dos? Il me fait comme une ombre mortelle. Attends que je t'attrape! Il s'est dissout dans la ténèbre. C'est peut-être bien ma mort qui me poursuit? Ah! Ce serait trop bête de mourir après la victoire!

Journ.: On s'en tape! Passons! Passons! On est pas là pour larmoyer, on est là pour du sanguinaire et en direct: on veut que ça saigne, que ça pisse le sang, que ça charcute et qu'on chante en chœur «Tiens, voilà du boudin»! Comme à la légion!

Sos.: Je reprends donc:
enfin, selon nos vœux,
notre armée emporte la victoire,
mais personne n'ose bouger;
chacun reste à son rang,
que vivant ou mort,
il inonde de son sang.
Heureusement, notre brave maréchal
fait donner par la droite ses cavaliers:
de leurs moulinets d'estocs et de tailles
ils tranchent les trachées-artères,

par terre, traînant, dans la poussière,
et ils poussent de grands cris,
pour effrayer encore l'ennemi,
ainsi triomphe le bon droit de l'injustice, OUF!

Merc.: Jusqu'ici notre reporter télé,
je veux dire téléboen,
a fait un commentaire sans faute
de l'événement et des combats;
je le sais, car je puis dire que j'y étais,
et même avec papa qui adore les informations à la télé.

Sos.:   Une rafale de panique et de pagaille
déferle sur les lignes ennemies:
les Téléboens tournent le dos
et le reste, à nos archers,
qui, de leurs flèches,
les métamorphosent en hérissons,
introvertis et auto-piquant.
Et pendant ce temps,
notre brav'maréchal
nous voilà-t-il pas,
qu'il avait saigné,
comme un vieux pourceau
d'Epicure
l'enflure
sa gracieuse majesté,
Ptérélas-Premier,
en présence des Téléboens —
spectateurs, et en retransmission
directe sur la chaîne de l'Olympe,
sur le canal plus ou moins divin.
Voilà chers amis spectateurs
le résumé des combats
qui se sont déroulés là-bas,
dans une journée d'horreur,
qui a durée du matin jusqu'au soir,
et je m'en souviens d'autant mieux

que j'ai même pas pu croquer un morceau à midi!
Et la chute ennemie fut ainsi sœur de la nuit,
qui tomba, sombre,
comme on tombe dans la tombe.
Journ.: Il a le sens de la formule!
Sos.: C'était parmi l'horreur d'une profonde nuit…
Journ.: Ça le reprend, mais ce coup-ci, c'est vrai!
Sos.: Je suis à l'antenne, oui ou non?
J'aimerais que l'on respectasse mon *timing* de parole!
Comme dit la reine d'Angleterre,
au président socialiste!
Reprenons:
mais, le lendemain, dans notre camp,
qu'est-ce qu'on a a pas vu débarquer?
Tous les vieux rombiers d'Etat,
ministres et président du Sénat,
députés et président de l'Assemblée,
les vieux birbes du Conseil constitutionnel,
de la Chambre de Commerce,
les juges et les jugesses,
les flics et les fliquesses,
dont les fesses faisaient flic et floc,
j'en passe et des plus flasques.
Du beau monde et du beau linge:
ceux qu'avaient pas fait la guerre,
et qui disaient comme ça:
c'est pas nous, c'est les autres,
nous on était pas d'accord pour vous déclarer la guerre!
C'est Ptérélas, hélas! Un roi septennal!
rien de plus qu'un président sortant.
A ces mots, ils nous font le truc du défilé des écoles.
Les petits garçons en culottes courtes,
les petites filles en minijupes,
avec des dames patronnesses autour qui chialent,
et la procession du Saint-Sacrement,
et le défilé des anciens combattants,

les rescapés du Vietnam,
les as de l'Aéropostale,
les cheminots anti-grévistes,
et les tenancières de latrines publiques,
sans oublier les vedettes du cinéma
affiliées à la SPA.
Bref, les autorités suprêmes de la nation téléboenne,
nous font cadeau de tout ces pauvres malheureux,
qui défilent.
Qu'on les prenne et que l'on en fasse ce que l'on voudra,
du moment que l'on signe la paix,
et que les nantis d'hier soient encore ceux de demain!
Après quoi, on fait cadeau à mon maître,
en raison de sa bravoure,
de la coupe en or
dans laquelle sa majesté Ptérélas
avait la bonne habitude
de préparer son *drink* favori,
son *punch* royal carabiné,
son tord boyaux millésimé,
pas dégoûtés les vieux!
Amphitryon accepte avec une reconnaissance diplomatique,
lui qui ne boit jamais!
Enfin quoi! Voilà ce qu'il faut maintenant que j'aille dire à la
patronne. Quand il faut y aller, il faut y aller! Exécutons les
ordres du maître et de ce pas, marchons librement jusqu'à son
auguste demeure!
Mercure: Alerte générale! Il fonce dans ma direction!
Il faut que je lui coupe les ponts,
et que j'empêche, cet individu,
d'approcher la demeure du Cocu!
Sosie, c'est moi Sosie!
Y a pas plus Sosie que moi.
Je possède maintenant son apparence
regardez-moi:
look at me!

et en plus, j'ai chopé son mental:
je suis décidé à bien m'amuser à l'abuser,
le chat et la souris, c'est un bon jeu pour un dieu!
L'ennui, c'est que pour avoir épousé
ses allures et ses manières de moins que rien,
il faut désormais que je sache me comporter
comme un moins que rien, comme un vaurien,
tout un monde, même pour un dieu, et faire le bête,
en prime et en primeur, pour ressembler à l'esclave.
Voilà: je suis un traîne-patin, mais tartufe et super-rapin,
complètement hypocrite mais capable de fourbir ses propres
armes contre ce petit meussieur de rien du tout. Je m'en vais
te lui en servir du mensonge à ce maître de linguistique! Pour
l'éloigner de notre porte: je veux dire «portique» pour la
rime…qui d'ailleurs s'en fiche grammaticalement. Mais
quoi? Qu'est-ce qu'il fabrique encore? Il regarde le ciel! Il ne
manquait plus que cela. Observons l'observateur! L'observateur romain et pontifical! Bien entendu!

Sos.: Nom de dieu! Mais c'est bon sang bien sûr:
C'est à n'y rien comprendre, ma parole,
sinon que je crois que, cette nuit,
la déesse de la nuit s'est encore endormie
avec une belle cuite. Jamais vu ça:
les sept étoiles de la Grande-Ourse
ne font pas un mouvement au firmament
la lune ne bouge pas d'un chouilla
et reste plantée là où elle s'est levée
ni Orion, ni Vesper, ni les Pléiades
ne baissent à l'horizon.
Les constellations sont paralysées
et la nuit nulle part ne fait place au jour…

Merc.: O temps suspend ton vol…et me donne un baiser…
Et toi, déesse de la nuit, continue
ce que tu as si bien commencé,
montre toi bien soumise
aux désirs de mon papa.

L'aide que tu apportes au plus grand des dieux
lui rend le plus grand service
et tu en seras récompensée au centuple
là-haut où tu cuves ton nectar de première!

Sos.: M'est avis que je n'ai jamais vu
une nuit aussi éternelle que celle-ci,
si ce n'est peut-être celle où, après avoir
été fouetté, je suis resté attaché au poteau
du soir au matin!
Cette nuit fut interminable.
Et pourtant celle-ci la dépasse encore
en durée et de beaucoup même!
J'ai comme l'impression que le Soleil
lui aussi ronfle tout son saoul
et je suis prêt à parier qu'hier
il a du faire la java et même une sacrée fiesta!
Et tous frais payés encore, sans régler l'ardoise!

Merc.: Ecoutez-moi la manière de causer de cette petite frappe! Et
ça croit, ça, que les dieux ressemblent à ça!
Non mais! Attends-moi un peu, et tu vas voir la réception
d'honneur que je te prépare, en remerciement de tes discours
et de tes actions minables! Amène-toi seulement un peu par
ici, mon petit lapin, et je vais te faire ta fête.

Sos.: Mais où sont donc passés les gros dragueurs qui ne supportent
pas de passer une seule nuit tout seul dans leur lit? Il faut reconnaître que c'est la nuit rêvée pour mettre en accord la durée du
turbin du tapin de ces dames et le montant des tarifs officiels de
leur chambre syndicale et de la direction patronale de leurs macs.

Merc.: Si je comprends bien ce qu'il dit, papa a donc tout à fait
raison de rester sagement au lit avec Alcmène et de lui faire
l'amour un coup comme-ci, un coup comme-ça!

Sos.: Oui, je viens dans son antre apporter à Alcmène
les nouvelles que mon maître a voulu que j'amène!
Mais qu'est-ce que c'est que ce type,
cet affreux que je vois devant la maison,
à cette heure de la nuit: j'ai la trouille!

Merc.: Plus traqueur que lui, tu meurs!

Sos.: J'ai tout saisi: il veut me ratatiner
    tout vif sur sa planche à repasser…

Merc.: Voilà un vrai trouillard: je vais me le faire aux petits oignons!

Sos.: *Requiem aeternam*! *Dies irae*! *Lux perpetua*! J'ai les choquottes et même les chicottes qui me démangent et me taquinent:

y a pas de doute possible:

ce gars-là

va m'accueillir

à coups de poings;

bienvenue au club

des tarés congénitaux

de la boxe olympico-

francilienne, arabo-

malouine et quimpéroise!

Ah! mais il est gentil le monsieur!

Et qu'est-ce que c'est qu'il cause?

J'entends pas bien. Ah! qu'il dit:

qu'il a un bon cœur,

et qu'il comprend tout,

et que parce que mon maître

m'a empêché de pioncer,

lui, il va, maintenant,

cogner et recogner,

sur ma tête, avec ses poings,

pour qu'enfin je m'endorme…

Fini et foutu, là,

je suis K.O. sur le ring,

Sainte Vierge pitié,

qu'il est grand, qu'il est gros!

Maman, mémé, dodo!

Merc.:

Je pousse la sono,

et je lui cause tout de go,

il aura une écoute meilleure,

qui décuplera sa terreur,

sa peur et sa frayeur.
Allô! Alli! Allons!
Allez-y mes chers gnons!
En avant et que cela cogne et castagne:
j'ai un creux à l'estomac;
il est en manque le mac;
il veut son rôti de chair fraîche;
et il aime pas le cochon, ni le poisson,
ni le cheval, ni le bœuf,
ni la poule, ni la pintade,
il aime que la chair humaine!
Que voulez-vous qu'on y fasse?
Allez-y mes petits gnons:
j'ai faim et il me semble
que ce mignon est bien tendre
et que ça fait déjà un siècle
depuis le souper d'hier soir,
où je me suis tapé ces quatre
charlots, tous nus, que vous, mes gnons,
vous m'avez dégommés et dégotés.
Miam, miam, miam et remiam.

Sos.:   Là! voilà bien ma veine:
je tombe juste sur le grand
méchant loup garou (poux! hiboux!),
celui qui vient justement
de boxer à mort quatre jeunes gens
assommants qu'il a assommés définitivement,
quatre charlots, des gentils nudistes,
qui montraient trop bien leur chair,
fraîche, et leurs saucisses en l'air,
leurs petites cuisses mignonnes,
et leurs fessounes en pomme.
Le meurtrier est recherché par les vigiles
de toutes les polices: après ces quatre charlots
je crains bien de jouer les Charles-Quint!
et de faire le quin-quin des quatre autres!

Merc.: (*retroussant ses manches*) A la bonne heure!
Là, comme ça, je me sens à mon aise.

Sos.: Il retrousse les manches! Il remonte la ceinture.
Pas de doute: il se met en tenue de combat!

Merc.: Celui-là en tout cas va en prendre plein la poire!

Sos.: Mais qui ça?

Merc.: Ben! la grosse poire qui veut venir goûter de mes poings!

Sos.: C'est pas mon cas. D'ailleurs, c'est trop tard, je n'ai plus d'appétit. Du reste, je sors tout juste de table. Il vaudrait mieux offrir ton menu de dîner aux miséreux, les pauvres de l'Abbé Pierre, qui n'ont rien à se mettre sous les dents! D'ailleurs, l'Abbé, il en a plus de dent!

Merc.: Soupèse un peu mon poing! Pas mal, hein?

Sos.: Je suis foutu: il pèse sa pêche!

Merc.: Et si qu'on débutait par un petit massage soporifique?

Sos.: Ah oui! viens vas-y, sauveur de ma vie!
Ça fait trois nuits de suite que j'ai pas fermé l'œil!

Merc.: Rien ne va plus! La partie déraille complètement! Il y a erreur de tir! Mes coups n'ont pas bien compris la leçon: il faut savoir, méchamment, se cogner une mâchoire et faire en sorte que le client ait changé de figure et de visage après qu'on l'ait chatouillé de châtaignes.

Sos.: Ah! Enfin un spécialiste du *lifting* qui va me refaire un *super look*!

Merc.: Normalement, quand on a frappé correctement, il ne doit plus rester un seul os dans la gueule!

Sos.: Cette salope tient de la vieille murène,
dévoreuses d'hommes, esclavophage et désosseuse:
arrière serpent désosseur!
Je suis désossé, si cette vipère me repère.

Merc.: Taillo! Taillo! Par ici, oui c'est par ici que j'ai flairé une odeur humaine!

Sos.: Ah merde! J'ai pourtant pas vaporisé du radada!

Merc.: Oui, et je dirais même plus, je vois un homme qui ne doit pas être loin mais qui revient de loin.

Sos.: Ce type a vraiment des dons de voyance extralucide!

Merc.: J'ai des fourmis dans les poings.

Sos.: Si tu dois les dérouiller sur ma pomme, je t'en prie, calme-
les d'abord sur un mur.

Merc.: Une voix par les airs a frappé mes oreilles.

Sos.: Mais quelle couche je tiens, de ne pas lui avoir coupé les
ailes à cette volaille de voix!

Merc.: Voici venir à bride abattue le gentil cavalier qui vient chercher ici une méchante affaire.

Sos.: Mais je n'ai jamais eu les moyens d'avoir un cheval!

Merc.: Il me faut lui remplir la musette d'un bon paquet de directs
du gauche et du droit.

Sos.: Bonne Mère! Je suis déjà crevé par le bateau; j'ai encore le
mal de mer, le tangage et le tournis, et tu t'imagines que je
vais pouvoir avancer en portant ton gros paquet?

Merc.: En tout cas, il y a là un individu non-identifié qui cause.

Sos.: Ouf! Sauvé! Il ne me voit pas. Il présume que c'est un individu non-identifié qui parle. Tandis que moi, j'ai mes papiers
et on m'appelle: Sosie!

Merc.: Là, sur la droite, il m'a semblé, une voix qui frappe à mon
tympan.

Sos.: J'ai peur de recevoir aujourd'hui une raclée à la place de sa
voix qui le frappe!

Merc.: Parfait! Le voici; il s'approche.

Sos.: Maman! Je suis paralysé de peur!

Et je ne sais même plus en quel endroit du monde

je me trouve? Si tu me me le demandais,

je ne saurais que dire. Quant à bouger!

Pauvre de moi! Impossible de me dégourdir de la panique qui

me glace et me paralyse.

Tout est consommé. La mission du maître

est fichue et Sosie foutu! (*Un temps*)

Après tout: fichu pour foutu,

je m'en vais aborder hardiment

cet individu et lui causer hargneusement.

Ainsi, je vais faire le brave à ses yeux

et il ne cognera pas sur les miens.

Merc.: Stop! Arrière le lampiste,
le porteur de mèche allumée
dans son étui de corne! Où vas-tu, cornard?

Sos.: Qu'est ce que ça peut bien te faire, toi
qui à coups de poings désosses la tête des gens?

Merc.: Situation sociale: esclave ou citoyen libre?

Sos.: C'est selon qu'il plaît à ma fantaisie.

Merc.: Sérieux?

Sos.: Tout ce qu'il y a de plus sérieux!

Merc.: Tête à claques!

Sos.: Pour le moment: tu mens!

Merc.: Attends un peu: je vais bientôt de faire
reconnaître l'exactitude de ma déclaration!

Sos.: Mais qu'est-ce qu'on en a à fiche?

Merc.: Pourrais-je au moins savoir où tu vas,
à qui tu appartiens et pourquoi tu es ici?

Sos.: Je viens ici, je suis esclave de mon maître. Es-tu mieux ren-
seigné à présent?

Merc.: T'en fais pas: aujourd'hui ta chienne de gueule, je m'en
vais te la baiser.

Sos.: Pas moyen: y a une duègne qui surveille la mignonne!

Merc.: Arrête de faire le malin! Dis-moi plutôt ce que tu viens
fouiner autour de cette maison?

Sos.: Mais, c'est toi la fouine!

Merc.: Non, moi je suis ici sur ordre du roi, qui veut qu'on poste
chaque nuit un gardien devant ce domicile.

Sos.: Notre sire est trop bonne, nous sachant à l'étranger, d'avoir
placé un flic devant notre porte, par protection; mais maintenant tu peux dégager et aller annoncer que les habitants de la
maison sont rentrés.

Merc.: J'ignore si tu es de la maison, mais si tu ne décampes pas
sur le champ, Monsieur de la maison, je m'en vais t'offrir une
réception vraiment… Maison!

Sos.: Mais je te dis que c'est ici que j'habite et que je suis esclave
des gens de cette maison!

Merc.: Tu ne sais pas à qui tu causes! Si tu ne fiches pas le camp, moi je vais te transformer en grosse vedette du ring!

Sos.: Ah oui! et comment ça?

Merc.: Si je sors ma matraque, tu ne repartiras pas sur tes pattes mais sur une civière à porteurs.

Sos.: Je m'en balance et je maintiens ma déposition: je suis ici employé de maison!

Merc.: Gare à tes fesses! Ça va dérouiller! Tire-toi avant que je fasse ma descente de police!

Sos.: Alors! Tu prétends pouvoir m'interdire de rentrer chez moi, moi qui suis de retour après une mission des Affaires Etrangères?

Merc.: Qu'est-ce qui me prouve que tu habites ici? Tu as la quittance d'eau, de gaz et d'électricité?

Sos.: Petit rigolo! Mais c'est pourtant la vérité.

Merc.: Et comme ça, on serait employé de maison, mais chez qui?

Sos.: Chez Amphitryon, commandant en chef de l'armée thébaine et de surcroît mari d'Alcmène!

Merc.: Qu'est-ce que c'est que cette blague? Allez! Sors-moi tes papiers!

Sos.: Sosie! Fils de Dave: tout le monde me connaît ici à Thèbes.

Merc.: Fils de nave, ben voyons: on ne connaît que ça! Et si encore, tu la ramenais pas en débarquant dans ta superbe tenue de camouflage pour tromper l'adversaire et la police collabo!

Sos.: Parlons-en: mon treillis n'est pas là pour tromper mais me protéger. C'est un instrument de protection dans la progression!

Merc.: Encore un bobard: tu progresses avec ton treillis ou avec tes pieds?

Sos.: Avec les pieds, d'accord, chef!

Merc.: Voila, justement, ton chef d'accusation!

Sos.: Pitié, chef, pour mon chef!

Merc.: Un vrai chef, comme moi, n'a pas pitié du chef d'un jamais-chef, comme toi. Attrape ça. Et maintenant pas la peine de vérifier dans le dictionnaire, chef! Tu sais ta leçon sur chef comme un chef!

Sos.: Oui! Chef! Pitié, mon chef chéri!

Merc.: Et tu ne recommenceras plus, hein? A dire à tout le monde que tu t'appelles Sosie, hein?

Sos.: Je suis foutu!

Merc.: C'est peu dire: attends la suite! Et puis d'abord à qui c'est qu'on obéit maintenant comme un toutou?

Sos.: A toi, maître, en vertu du droit de ta droite et du direct de ta gauche! Au secours, aux armes citoyens de Thèbes ou de Marseille!

Merc.: Et ça crie encore ce petit cochon à charcutier! Cause-nous un peu: c'est à quel sujet que tu es venu nous rendre visite. Tu parles, oui ou non?

Sos.: Ben: pour être le petit cochon que tu bourres de coups de poing!

Merc.: Et à qui c'est qu'on appartient?

Sos.: C'est moi, Sosie, te dis-je, l'employé de chez Amphitryon!

Merc.: Parfait! Merci bien! Pour ce tuyau crevé, tu crèveras un peu plus tôt! Puisqu'on te dit que Sosie c'est moi et pas ta pomme.

Sos.: Ah! Mon Dieu! Si c'était toi la pomme... Je t'en mettrais plein la poire!

Merc.: Et on n'arrête pas de faire dans l'humour, avec la pédale douce?

Sos.: Mais non, je mets la sourdine.

Merc.: Bon! On reprend tout: nom et prénom de l'employeur?

Sos.: Tu remplis la case toi-même.

Merc.: Voilà qui est fait. Et maintenant: nom et prénom de l'employé?

Sos.: Tu marques ce que tu veux!

Merc.: Tu prétendais pas, en quelque sorte, que tu serais été au service d'un certain Amphitryon?

Sos.: Moi? Nada! Si j'aurais causé, en quelque sorte, c'eut été à peine tout juste pour dire que j'eus pu passer pour être le sosie d'Amphitryon.

Merc.: Je me disais bien aussi qu'il n'y avait pas chez nous, sur la liste réactualisée du personnel en poste, un second emploi au nom de Sosie! Voilà: il n'y avait pas de quoi un faire un tabac!

Sos.: Pas de quoi, non plus, tabasser un chrétien!

Merc.: Conclusion: tu affirmais être Sosie et maintenant tu reconnaîs cette usurpation d'identité. N'en parlons plus.

Sos.: Juste un mot encore avec ta permission, si je peux m'exprimer en paix et sans risque d'être tabassé.

Merc.: C'est bon, on fait la trêve, la pause, la mi-temps. Si tu as quelque chose à dire, c'est le moment.

Sos.: Mais je parlerai qu'une fois la paix véritablement signée. Ton uppercut est trop fort pour moi!

Merc.: Parle à ta guise: je ne toucherai pas.

Sos.: Parole d'honneur?

Merc.: Juré, craché!

Sos.: Et si c'était un piège?

Merc.: Que la colère alors de Mercure retombe sur moi, Sosie.

Sos.: Ecoute bien: à présent, je vais te parler en toute liberté. Voilà: Sosie, c'est moi, moi l'employé des Amphitryon!

Merc.: Tu tu remets ça?

Sos.: J'ai fait la paix, fait un traité et je peux donc parler en toute franchise.

Merc.: On va lui fermer la gueule, à ta franchise!

Sos.: C'est comme Monsieur voudra: les directs de Monsieur sont les plus puissants, mais Monsieur aura beau cogner par Hercule (qui du reste n'est pas encore né!), jamais on ne me fera taire la vérité, ma vérité!

Merc.: Même si tu t'en tires, tu ne parviendras pas aujourd'hui à m'empêcher d'être Sosie!

Sos.: Et toi, bordel de merde! tu ne nous empêcheras pas d'être nous-même, employé et déclaré à la Sécu par notre patron! Il n'y a pas ici d'autre employé de maison, d'autre larbin, que moi, Sosie, moi: Sosie! Et je n'ai quitté cette place, dans cette maison, que pour suivre Amphitryon à la guerre...

Merc.: Encore un pauvre dérangé des méninges!

Sos.: C'est toi qui déménages et qui déméninges! Quoi! Malheur de malheur! Ne suis je pas Sosie, employé, chez Amphitryon? Et notre bateau ne nous a-t-il pas ramené ici, cette nuit, en provenance du Golfe Persique? N'ai-je pas un ordre de mission,

signé du patron? Ne suis-je pas debout face à notre maison?
N'ai-je pas ma lanterne à la main? Est-ce que je ne cause
pas? Est-ce que je n'ai pas les idées claires? Et ce pauvre
type, là, est-ce qu'il ne m'a pas envoyé au tapis au premier
round? S'il y en a parmi les spectateurs de l'assistance
publique qui voudraient jouer les incrédules, ils pourraient
consulter ma mâchoire et voir que c'est pas du rêve ou du fan-
tasme! Mais qu'ai-je donc encore à douter: il me suffit d'entrer dans cette maison, à la maison, chez nous.

Merc.: Hein! Chez vous?

Sos.: Parfaitement: à la maison!

Merc.: Arrête de balancer des vannes, et des maous encore! T'as
rien compris: Sosie, C'est bibi, le cire-pompe d'Amphi.! La
nuit dernière, on a levé l'ancre du Golfe Persique et on a pris
au bazooka, d'assaut, la citadelle où régna l'Emir Ptérélas, le
roi du patelin. Et même qu'on a capturé leurs petits légion-
naires, des bleus, pas des pro. L'Emir Ptérélas valait pas
mieux: notre Amphi., sans enflure, en combat singulier, sans
bavure, en a fait l'objet idéal du meurtre à la tronçonneuse!

Sos.: J'en crois pas mes oreilles et je finis par avoir un doute dubi-
tatif sur ma santé! Y a pas à discutailler: toute cette frange du
vécu local et indigène, il en fait le résumé exact. Attends!
Question: quel serait-il le cadeau que notre Amphi, qu'il
aurait reçu des Télébomachins?

Merc.: Fastoche: la coupe en or, s.v.p., de l'Emir Ptérélas, pété et
répété hélas!

Sos.: Tout ça est bien causé: mais cette coupe en or, où se trouve-
t-elle à présent?

Merc.: Hum! Avec sa soucoupe en or...

Journ.: Il est vraiment extralucide pour la voyance!

Sos.: Mais encore?

Merc.: Je vois une cassette...

Journ.: Ah! Non!

Sos.: Ah! Si!

Journ.: Formidable! En direct!

Sos.: Et sur cette cassette, qu'est ce qu'il y a?

Merc.: Je me concentre!

Journ.: Mais, *c'est le scoop*!

Merc.: Je m'excuse! La fatigue! Tension nerveuse! Je vois: un sceau.

Journ.: Il n'en voit qu'un: c'est bon signe!

Sos.: Un sceau: il veut dire un scellé, bande de buses!

Journ.: Rien compris! De toute façon, y a pas plus célestes que nos papiers!

Sos.: Passons! Un scellé: bien! Mais sur ce sceau, qu'est-ce qu'il y a?

Journ.: Il se concentre, mais il ne voit rien.

Merc.: Je vois...

Journ.: Qu'est-ce qu'on peut bien voir à l'aurore?

Merc.: Je vois... Un soleil...

Journ.: Fantastique!

Sos.: Mais encore quoi?

Merc.: Un soleil qui se lève

Journ.: Prodigieux! Merveilleux! Miraculeux!

Sos.: Qui se lève où ça?

Merc.: Sur son quadrige, son char, sa quatre-chevaux...

Journ.: Notre-Dame de Lourdes, de Fatima, du Saint-Rosaire!

Sos.: Ouaf!

Merc.: Tu voulais me coincer, hein! L'apprenti charcutier!

Journ.: C'est pas à nous de trancher: le débat continu! La justice aura son mot à dire et la Cour Internationale aussi!

Merc.: Tant mieux: voilà des gonzesses dont on ne comprend pas la jactance: même leurs macs, les mecs de l'E.N.A., y z'y entravent que du derche!

Sos.: Restons poli! Il a des arguments massues! Il faut que je me fasse faire des faux papiers: permis de conduire, l'assurance, la mutuelle et la sécu! Mais, tout de même, comment a-t-il eu tout ce rancardement? C'est un peu gros: j'ai encore de quoi le piéger, à froid. Je présume qu'il sera bien incapable de décrire ce que j'ai branlé, quand j'étais tout seul, sous notre tente, seul et sans témoins? Allons-y direct: si tu es Sosie, comme tu le dis, qu'as-tu fais sous la tente, pendant que ça chauffait dur à l'extérieur? Je m'avoue vaincu si tu réponds.

Journ.: Et nous, on s'avoue vaincus et même convaincus!

Merc.: … Je vois un tonneau…Un tonneau de vin…

Journ.: Ah! Non!

Merc.: … Mais si!

Sos.: Et alors?

Merc.: Ben voilà: au tonneau j'ai remplis ma boutanche.

Journ.: Ah! Oui?

Sos.: Il est sur la bonne descente!

Journ.: Mais la bonne décence?

Sos.: Et ce vin, sans coupage et sans mélange de cépage, qu'en as-tu fait?

Merc.: Ce que j'en ai fait? Englouti et dégluti, d'un coup sec!

Sos.: Le fait est que j'ai descendu là-bas une chopine de vin pur! Ma parole, il peut dire qu'il y était là-bas et même caché dans la bouteille!

Merc.: Bon alors? Cette fois, est-ce que je t'ai enfin convaincu que tu n'es pas Sosie?

Sos.: Tu dis que je ne serais plus moi?

Merc.: Excuse, mais je ne peux pas faire autrement puisque Sosie, c'est moi!

Sos.: C'est moi que je suis Sosie: je le jure par Jupiter, la main au feu!

Merc.: Et moi je jure par Mercure que Jupiter ne te croit pas et je sais même qu'il aura davantage confiance en ma simple parole qu'en tous tes beaux serments.

Sos.: Mais alors, je te pose la question: qui suis-je donc, si je ne suis pas Sosie?

Merc.: Ecoute: quand je n'aurai plus besoin d'être Sosie, tu pourras être Sosie tant qu'il te plaira. Mais pour le moment, Sosie c'est moi, et toi tu vas recevoir ta raclée si tu ne t'éloignes pas d'ici; hors de ma vue, l'inconnu qui ne sait même plus son nom.

Journ.: Bravo! Résumé: d'une dépêche en provenance de l'A.F.P., nous apprenons qu'un individu non identifié aurait tenté de pénétrer par effraction dans la demeure d'Amphitryon, pour tenter une tentative d'agression sur la personne de l'épouse du susdit général en chef…

Sos.: Dans le genre télébéotiens, ils sont véritablement dignes d'entrer à la pinacothèque du Musée Grévin! Mais lui, en revanche quand je le regarde bien, il m'inquiète davantage. Lorsque je puis encore me rappeler les traits de mon visage, tels qu'il m'est arrivé plus d'une fois de les regarder dans un miroir, je me prends à réfléchir comme le miroir et à me dire en moi-même que ce type est mon portrait craché, mon miroir et mon double. Le même chapeau! Les mêmes fringues! Il a les allures d'un autre moi-même! La jambe, le pied, les mensurations, la coiffure, les yeux, le nez, les lèvres, les joues, le menton, la barbe, le cou: tout y est et la tête! Alouette! Bref! Pour peu que son dos soit lui aussi zébré de cicatrices, on se ressemble comme deux jumeaux!. Cependant, tout de même, en y réfléchissant: il me semble que je suis encore et toujours le même homme que j'ai toujours été! Allons! Je sais qui est mon patron! Je sais parfaitement où est notre maison! J'ai tous mes sens et toute ma conscience! Je ne vois vraiment pas pourquoi je devrais faire tout ce que dit ce Monsieur. Je m'en vais de ce pas sonner à la porte de la maison!

Journ.: La tension monte! Ça va chauffer! Le ring devient brûlant: après le dédoublement de personnalité, le retour à l'identité vraie risque d'être dur! Ah! La métamorphose et la métempsycose: quelles vacheries! Quels cadeaux em-poisonnés de ce satané Pythagore!

Merc.: Eh, toi! Mais où vas-tu?

Sos.: A la maison!

Merc.: Quand bien même tu pourrais te tirer d'ici en sautant d'un seul bond dans la quatre — chevaux décapotable de Jupiter, tu ne parviendrais même pas à ton destin funeste.

Sos.: Et j'ai même pas le droit d'aller dire à ma patronne ce que le patron m'a chargé de lui dire?

Merc.: A ta patronne, tout ce que tu voudras!
Mais pas question de parler à la nôtre, dans notre maison! Et si tu te remets à faire ta colère, je te garantis que tu repartiras d'ici avec les reins cassés en petits morceaux.

Sos.: C'est bon! Il vaut mieux que je me casse tout seul! Je m'en
retourne et je vais en profiter pour faire une prière:
Mon dieu, mon dieu,
pourquoi m'as-tu abandonné?
Dis-moi seulement le lieu
où je subis la mort,
où je subis la métempsycose,
où je subis la métamorphose?
Me serais-je moi-même abandonné là-bas,
me serais-je moi-même tout oublié là-bas?
Car il a épousé mon image,
il a pris mes traits et mon âge.
Hélas! Mes jours ne sont pas finis
que déjà la mort étend ses nuits
sur mon corps meurtri et douloureux.
On me traite comme un malheureux,
plus mal encore que si j'étais mort!
Je vis encore, mais je sens la mort
et j'entends les croque-morts
les railleries des Pompes Funèbres,
les bons mots d'avant les ténèbres.
Pitié, pitié pour moi ô mon dieu!
Viens et sois miséricordieux!
Voilà: je m'en retourne au port et là je vais raconter au patron
toutes mes aventures… Mais il se pourrait qu'il ne me recon-
naisse pas… En ce cas: youp là boum! A moi la liberté! Fini
l'esclavage, fini de faire le larbin, fini de cirer les sandales et
les scandales… Aujourd'hui même, je m'achète un bonnet
d'affranchi et je mène la vie selon ma fantaisie. Et pour débu-
ter en beauté, je vais chez le coiffeur et je me fais tondre et
raser la boule à zéro, histoire de faire chic et d'emmerder les
bourgeoises!

Scène 2

MERCURE ET LE CHŒUR DES JOURNALISTES.

Les journalistes: *Splendid! Marvellous! Wonderfool! Alléluia! Alléluia! Alléluia!* Vous êtes pour nous le *Messie* de Haëndel! Ah! Que la puissance des dieux est efficace! Encore tous nos bravos! Et vivent les dieux et vivent les dieux! Tudieu, pardieu et repardieu! Tudieu, pardieu et lapardieu! Nous, les baveux, nous les pisseux, nous les merdeux, les journalistes, les foutaisistes, les nullardistes, qui savons tout, qui lisons tout, qui brisons tout, nous sommes heureux, et radieux et encore radieux et encore...

Mercure: Suffit! Ça va comme ça! C'était une hommelette, ce Sosie: les dieux savent faire des omelettes sans casser trop d'œufs ni d'yeux!

Journ.: Pour sûr qu'il s'en est bien sorti au poil de la poêle, cet œuf!

Merc.: Au petits lardons même! Mais délaissons cet aspect culinaire de cette aventure divine dans la mésaventure humaine. Donc: tout va bien, tout a bien marché jusqu'ici pour moi! Mais l'ai-je bien descendu?

Journ.: Oh! Oui! Comme un gamin sur une rampe d'escaliers! Du grand, du pur music-hall! La Diva!

Merc.: En fait j'ai dû surtout le faire dégager, ce casse-pieds, parce qu'il venait ici nous casser le temps. On a beau prendre ses précautions, même quand on est dieu soi-même, le temps vous échappe et vous glisse comme un rien entre les doigts! Et papa m'avait bien dit de lui laisser tout son temps, pour bichonner son petit bouchon de pouliche, sans avoir toujours un œil sur le réveille-matin ou l'oreille à l'écoute des informations diffusées par le coq de la voisine!

Journ.: Mais que va faire le porte-lanterne?

Merc.: Ben! C'est assez simple: quand le brave type aura retrouvé celui qui lui paye sa sécurité sociale, il va lui raconter qu'un autre employé, qui lui ressemble comme deux gouttes de vin, s'est mis en travers de son passage! Naturellement, Amphitryon s'imaginera qu'il lui raconte des bobards!

Journ.: Et alors?

Merc.: Alors: comme notre brave militaire ne voudra pas croire que Sosie est revenu à lui contraint et forcé, je m'en vais vous plonger tout ce joli mode dans un bain de folie. Folie-Jolie! Folie-Jolie! La folie est utile à la comédie comme à la tragédie! N'est-ce pas aussi votre avis? En tout cas, je te leur prépare le souffle d'un de ces petits vents qui va leur échauffer la cervelle, la méninge et la moelle épinière.

Journ.: Durée prévue environ?

Merc.: C'est une sorte de compte à rebours: jusqu'à ce que la fusée de Jupiter soit bien sur orbite, et ait atteint le septième ciel avec Alcmène. On attendra la retombée réussie dans la mer de la Satiété...

Journ.: Et après?

Merc.: Après: alors et seulement alors, tout le monde apprendra vraiment ce qui s'est réellement passé.

Journ.: Et Jupiter rétablira enfin entre Alcmène et son époux la vieille entente cordiale de toujours?

Merc.: Forcément: car Amphitryon va jouer du cinématographe à la pauvrette: et je te passe la scène du *Cocu-Magnifique*! Et je te fais visionner en exclusivité le Pompon de la *Femme du Boulanger*! Il ne lui épargnera même pas les séquences classées X de la pellicule la plus érotico-maso-porno!

Journ.: Quelle tristesse! Eût pu dire le regretté Chopin, lui qui, parmi les virtuoses romantiques était *the last but not the* Liszt! Il aurait tout de même bien écrit la bande-son!

Merc.: Ces Messieurs-Dames ont l'oreille musicologique: eh bien nous dirons donc que la symphonie de Jupiter saura, comme dans Mozart, faire succéder le calme à la tempête.

Journ.: Et Alcmène, dans tout ça?

Merc.: A son sujet, je voudrais compléter votre information. Voilà: brièvement et en quelques mots, le temps passe à une vitesse supersonique mais aujourd'hui, précisément, après tout ce qui s'est passé, faisons le point devant les caméras.

Je vous annonce qu'Alcmène, aujourd'hui, va accoucher de deux garçons, deux jumeaux ou presque. Le premier est d'Amphitryon, le second de Jupiter. Le premier a été conçu il y a dix mois, le second, il y a sept mois. L'aîné a le père le plus petit; le cadet a le père le plus grand! Vous me comprenez, j'espère?

Journ.: Ah! Cette nuit qui embrouille tout! Les salles de rédaction ou même de spectacle ont du mal à suivre: les dieux ont une curieuse notion du temps!

Merc.: Ecoutez, je ne peux en dire d'avantage et d'ailleurs, il n'est pas certain que vous comprendriez mieux. Bref: tout ce que je puis encore déclarer pour vous éclairer, c'est que papa a pris toutes ces dispositions par égard pour Alcmène. Comme ça, les deux poupons vont faire leur apparition en même temps. Alcmène se délivrera d'un double fardeau en un seul travail. Du même coup, la petite servante de dieu échappera aux langues mauvaises et aux méchants soupçons. Le secret de sa double conception demeurera éternellement immaculé!

Journ.: Amphitryon ne saura donc rien?

Merc.: Comme je l'ai dit tout à l'heure, il saura toute l'affaire, en détail.

Journ.: Oui! Mais alors?

Merc.: Rassurez-vous: personne ne se risquera à venir faire la morale à Alcmène. Car il ne serait pas juste qu'un dieu puisse laisser retomber sa faute sur un pauvrette et mortelle créature. Mais mettons un terme à cet entretien.

La porte du palais grince.

Comme d'habitude: y'a pas d'huile!

Voici le pseudo-Amphitryon,

avec son épouse d'occasion!

(*Cris des journalistes, flash, bruits de micros, etc.*)

Scène 3

Jupiter: Alcmène, je dois partir: bisous! Tu as l'œil sur la maison, comme d'habitude. Tu prends bien soin surtout de toi. J'insiste. S'il te plaît: tu sais bien que le terme approche! Tu imagines comme ça m'amuse de partir! Mais c'est le devoir et le boulot! Enfin: garçon ou fille, tu feras le nécessaire pour les formalités à la Mairie et pour les faire-part auprès des autorités civiles et militaires et surtout religieuses. On néglige trop souvent d'avertir les dieux: il suffit d'un petit 36-15 ou d'un fax, pour que tout le Ciel se réjouisse! Donc, tu fais tout cela à ma place et pour moi. Merci, Chérie.

Alcmène: Mais, Amphi., mon Tritri, explique-moi au moins ce que c'est que cette affaire urgente qui t'oblige à partir si tôt de la maison? Tu as un rendez-vous?

Jupi.: Ben! C'est-à-dire, oui, en quelque sorte! Tu sais bien que je ne m'ennuie jamais à la maison avec toi, surtout devant la cheminée... Mais bon: tu sais ce que c'est! Quand le *Big-Boss* n'est pas là, le *Maous-Mickey*, les souris dansent!

Mercure: (*aux journalistes*) Vous avez vu le Maous-hypocrite! Cher papa! Il a toujours su vous caresser les femmes dans le bon sens du poil! Plus c'est touffu et plus il va à l'essentiel!

Alcm.: C'est pour moi une expérience de plus et encore une occasion d'y voir clair dans nos relations...

Jupi.: Tu n'es jamais contente: ça ne te suffit pas de savoir qu'il n'y a pas d'autre femme dans ma vie?

Merc.: OUILLE et OUILLE! Si la Reine-Mère, ta Junon d'épouse, la Mère-Sup., te savait embarqué dans cette partie, je parierais que tu préférerais être Amphi. plutôt que Jupin!

Alcm.: Enfin! Moi, je m'en tiens à l'expérience et non aux grandes déclarations sentimentales! Tu t'en vas! Immédiatement après!

Sans même avoir un peu réchauffé ton côté du lit, celui où tu avais trouvé ta place et où tu aurais pu reprendre tes esprits! Hier, tu débarques en plein milieu de la nuit. Maintenant, tu disparais. Et il faudrait, sans doute, faire la fête? En plus? A Monsieur? Non mais!…

Merc.: C'est le moment d'intervenir sur la pointe des pieds. J'ai préparé deux ou trois choses fines pour Alcmène. Quant à papa, je vole à son secours, en jouant les vieux amis de la famille, les parasites du dimanche, les archivistes des fêtes de la généalogie. Madame, d'amour, Belle Maîtresse, vos beaux yeux font mon patron mourir pour vous et il ne saurait se trouver au monde un amant susceptible, comme lui, de vouloir mourir d'amour avec un tel zèle, surtout pour sa régulière, sa bourgeoise titulaire, sa bien-aimée adorée!

Les journalistes: Ah! Comme il sait causer aux dames!

Jupi.: Fous-moi le camp, vieille tantouse! Elle va me faire crever, cette grande salope! Voyez-moi cette raffinerie de pétroleuse séculaire! On a pas besoin de ta rhétorique de merde! Disparais, dégages, mets les gazes! Si tu bafouilles encore un seul de tes trucs poétiques de mes fesses, gare à ton cul!

Alcm.: Allons, mon grand Amphi., on ne va pas s'en faire un Olympe avec la foudre et tout le fourbi…

Jupi.: Encore une de tes raffineries exquises et tu vas peler du radada…

Merc.: J'ai comme l'impression d'être au bal des débutantes et d'avoir loupé ma génuflexion devant la Reine…

Jupi.: Sans importance: tu prends la première sortie! Et quant à toi, Alcminou, mon amour, tu as tort de te fâcher et de me faire des reproches. Ecoute plutôt cette petite chanson que j'ai composée pour toi en forme de litanies:

(*Repris par le chœur des journalistes deux fois, ainsi que les suivantes*)

— Si j'ai déserté,
c'est pour toi!
— Si j'ai quitté l'armée,
c'est pour toi!

> — Si je suis venu secrètement,
>   c'est pour toi!
> — Si j'ai laissé mon commandement,
>   c'est pour toi!
> — Si j'ai manqué à tous mes devoirs,
>   c'est pour toi!
> — Si je risque la Cour Martiale,
>   c'est pour toi!
> — Si j'y laisse mes sardines,
>   c'est pour toi!
> — Si je vais au gnouf,
>   c'est pour toi!
> — Si je meurs sur une croix,
>   c'est pour toi!
> — Si je résuréxiste,
>   c'est pour toi!

Arrêtez! Arrêtez la musique! Les piafs!

Parlons! Parlons doucement! Comme sur un oreiller, avec des plumes dans les oreilles, avec des poèmes dans les oreilles. Tu vois: je suis revenu d'abord pour te dire que je t'aime, et t'annoncer aussi que j'avais gagné, pour moi, pour mes gars et pour notre pays. Je voulais être le premier à te le dire. Le récit que je t'ai donné de la bataille, crois-moi, est un récit fidèle. Fais-moi confiance! Je t'ai tout raconté! Alors, si je ne t'aimais pas plus que tout au monde, pourquoi aurais-je fait tout cela?

Merc.: Est-ce que je vous avais dit? La belle est rebelle, mais la bête, elle, lui il sait par où la caresser!…

Jupi.: Bon! Et maintenant, il faut souhaiter qu'à l'armée, il n'y ait pas un vieux con de juteux de la Légion qui se soit aperçu de quelque chose. Abandon de poste! Moi qui interdis systématiquement aux bidasses de sortir le soir! Je vois d'ici les reproches, dans le style galant, du genre: notre brave général fait passer son devoir conjugal avant son devoir national! Bref: je suis cassé! Et même castré!

Alcm.: Tu pars, tu pars; tu parles, tu parles; et tu laisses ta femme en larmes et en alarmes!

Jupi.: Ne te fais pas de mal avec des mots. Ne chagrine pas tes jolis yeux avec tes larmes: je reviens au plus tôt.

Alcm.: Interminable attente des femmes de militaires!

Jupi.: Et des femmes de marins! Tu dis bien! Mais, ma Mémène, mon bouchon, si je m'en vais, tu ne crois pas que ça m'amuse?

Alcm.: C'est du tout vu: la nuit même où tu débarques, c'est la nuit où tu t'en vas. Pas même un croissant! Ah! Autrefois! Avant que des imbéciles mettent le pied dessus! La Lune, elle avait de beaux croissants...

Jupi.: Tu voudrais me retenir encore par le parfum de ton verbe! Petite fée! Mais il est l'heure. Le Soleil, ce vieux con, vient de démarrer sa quatre-chevaux-renault. Les bougies étaient en bout de cire. L'étincelle est tout de même passée. Il démarre son quadrige avec peine, d'autant qu'il a la gueule de bois! Cela nous laisse un moment de répit. Pas long. Juste le temps qu'il faut pour te dire encore que je t'aime et que je te laisse en gage ceci: tiens, voici la coupe royale, la coupe picolante du roi Ptérélas, qui picolait comac! J'ai pas eu de mal à le descendre: un coup d'épée en l'air, et il est tombé raide sur le pré, l'arme au poing et la coupe à la main.

Alcm.: Ah! Quelle pure modestie et quelle leçon de grandeur! C'est bien toi, tout ça, mon Amphi.: la grande gueule et le triomphe discret. Va pour la coupe! Une de plus! J'en ai plein la cheminée! Mais bon: je coupe et je surcoupe! Le cadeau est digne de celui qui daigne en être aussi le digne donataire!

Merc.: Pour ma part, je parlerais plutôt de la dignité du destinataire d'un aussi digne cadeau, qui, que, quoi, dont, où!

Jupi.: Le revoilà, cet enfoiré! Tu sais pas, toi l'enfourché de Lucifer, comme facilement je peux te réduire à zéro?

Alcm.: Allons! Mon Amphi. chéri de moi, tu ne vas pas faire une colère contre Sosie, à cause de moi!

Jupi.: Je t'obéis, mon amour!

Merc.: Parlons-en: l'amour le rend vraiment moche!

Jupi.: Et pour Madame, qu'est-ce qu'on peut encore faire?

Alcm.: Madame trouverait à son goût que son époux, malgré son déplacement en première classe, ait une petite pensée pour

elle! Dans le genre: tu m'aimes, je t'aime et tous les kilo-
mètres qui marquent ton absence augmentent ta présence!

Journ.: On craque! Le style! La classe! Ouin!

Merc.: Il faut partir. C'est l'heure. Amphitryon! Le jour paraît!

Jupi.: Bon! Tu vas devant, Sosie. Moi, je te rejoins, tout de suite.
Mais toi, ma poule, dis-moi, au lieu de pleurnicher: qu'est-ce
que tu veux encore que je fasse?

Alcm.: Reviens, reviens vite, mon lapin!

Jupi.: Entendu! Oreilles de lapin! Je reviens te poulotter, plus vite
que tu ne le crois. Allez! Courage, ma poulette!
(*Alcmène est rentrée dans la maison*) Ah! Foin de cette vale-
taille et de cette volaille humaine, volage et versatile et vola-
tile! J'ai quand même un petit coup de pompe. Je me prendrais
bien un ou deux croissants de lune. Ah! J'oubliais: les andouilles! Ils ont marché sur la Lune et chiffonné tous ses croissants. Les boulangers qui travaillent avec la nuit en savent
quelque chose. Bref: il n'y a plus de bons croissants! Et quant
à la Lune, ben, disons: elle est américaine, ce qui ne veut pas
dire que les Américains sont cons comme la lune! Du reste, ils
s'occupent de moi, Jupiter! Si ça les amuse, ça nous amuse
aussi, nous, les vrais dieux! Pour autant et sans vouloir faire
dans l'*apartheid*, il faut que je m'adresse présentement à la
Nuit, ma consoeur. A vrai dire, c'est une sorte d'arrière grand-
tante. Elle était déjà là, dit-on, avant la création du monde.
J'adore les mythologues et leurs pudeurs sacrées. Tout cela
pour nous laisser entendre qu'elle est restée, tout ce temps,
vieille fille! En fait, chez nous, les dieux, tout le monde sait
bien qu'elle ne s'est jamais remise de la séparation d'avec son
petit frère…Nous sommes tous d'accord pour étouffer cette
vieille affaire d'adultère et de famille. C'est pourquoi, maintenant, devant les représentants de la télévision humaine, mortelle
et anti-divine, je voudrais, en direct, lui dire ces simples mots:
(*Murmures intrigués et passionnés dans le camp des journalistes*)

> Maintenant, ô Nuit, je te remercie,
> toi qui a bien daigné m'attendre,

il est temps à présent de te détendre,
reprendre ta liberté, ta vie,
laisse la place au jour qui vient
répandre sur les mortels sa claire
et brillante lumière. Grand merci!

Journ.: En voilà un vraiment qui sait parler aux femmes!

Jupi.: Mais je n'ai pas fini: je voudrais ajouter que tout ce temps, ô Nuit, que tu as travaillé en plus de la durée légale, te sera payé en heures complémentaires, tarif de nuit, bien entendu! Je me rattraperai sur le jour qui vient. Je vais lui dire de fermer un peu plus tôt. Personne n'y verra rien. Tu peux rentrer chez toi tranquille, bonne nuit et fais de beaux rêves! Moi, je pars rejoindre Mercure. Et que maintenant, le jour succède à la nuit!

ACTE II Scène 1

Amphitryon, Sosie, et le chœur des journalistes.

Amphitryon: Alors! Tu me suis, oui ou merde?

Sosie: Je suis celui qui suit, mais qui n'en pense pas moins!

Amphi.: Et moi, tu veux savoir ce que je pense?

Journalistes: Même si cela ne l'intéresse pas, nous on est payés pour savoir et diffuser, etc.

Amphi.: Ce que je pense, c'est que tu es une belle petite ordure!

Sos.: Et allez donc! Notre général est trop brave! Et on peut savoir pourquoi?

Amphi.: Parce que tu balances des vannes, des faux tuyaux et des tiercés bidons! Comment veux-tu qu'on ait confiance avec toi pour faire sérieusement son loto?

Sos.: Ah! Le voilà bien le fichu caractère du super décoré! Règle d'or: ne jamais faire confiance au petit personnel. Attends un peu que j'en parle à mon délégué syndical!

Amphi.: De quoi? Qu'est-ce que cela veut dire? Non mais! Petite ordure, je vais t'arracher ta sale petite langue!

Sos.: C'est toi qui payes: c'est toi le patron. Tu as tous les droits! Au service de Monsieur! Mais sache bien malgré tout que quoi que tu fasses, tu ne pourras jamais m'empêcher de dire les choses comme elles se sont passées, *hic et nunc*. Ah! Mais!

Amphi.: Petite crapule! Tu oses me soutenir que tu es à la maison et à la fois ici, avec moi?

Sos.: C'est pourtant vrai!

Amphi.: La vérité? A chacun sa vérité, peut-être, mais la tienne, tu vas l'avoir aujourd'hui même, sous la forme d'une double avoine que t'enverront conjointement les dieux et moi-même! Voilà, ta vérité!

Sos.: C'est comme Monsieur voudra. Je suis au service de Monsieur.

Amphi.: Et avec ça, tête à gifles, on a l'audace de se moquer de son employeur? Un Monsieur sérieux, lui! Et qui ne croira jamais ce que personne n'a jamais vu jusqu'à ce jour d'aujourd'hui, à savoir qu'un même homme ne peut pas être dans deux endroits différents, au même moment! Faut pas nous prendre, nous autres militaires, pour ce qu'on est pas!

Sos.: Qu'est-ce qu'on peut y faire, Général? Les choses sont comme je l'ai dit.

Amphi.: Que Jupiter t'envoie sa foudre et tu vas voir bronzer tes fesses, mieux qu'à un camp de nudistes de Tahiti!

Sos.: Maître... Dis-moi ce que j'ai pu faire de mal envers toi?

Amphi.: C'est toi qui le demandes, bon à rien? Tu continues à me jouer des tours de cons!

Sos.: Tu aurais sans doute raison de me parler sur ce ton, déplaisant, soit dit entre nous, si la réalité était différente: mais je ne mens pas. Ça c'est passé comme ça, un point, c'est tout.

Amphi.: Ma parole, il est complètement bourré!

Sos.: Si seulement tu pouvais dire vrai!

Amphi.: Bon, si tu souhaites qu'on reprenne l'affaire à zéro?

Sos.: Moi?

Amphi.: Oui, toi! Ici présent! Alors, où as-tu picolé?

Sos.: Moi, y en a pas avoir picolé nulle part, bouana!

Amphi.: Ce type appartient à une espèce humaine encore non-identifiée...

Sos.: Cela fait dix fois que je te répète la même chose: voilà, c'est comme ça, je suis à la maison, tu écoutes? Et en même temps je suis ici, avec toi, moi, toujours le même Sosie. Cette fois, est-ce que je me suis exprimé assez clairement, oui ou non?

Amphi.: Arrière! Casse-toi!

Sos.: On peut savoir pourquoi?

Amphi.: Tu t'es trempé le biscuit dans un verre malpropre et maintenant tu as ton *virus illustribus* dans le cul! *In partibus!*

Sos.: D'abord, on ne parle pas à un employé syndiqué sur ce ton! Ensuite, j'ai mes analyses: tout est correct. Je me porte comme un charme, mon cher Monsieur Amphitryon!

Amphi.: T'en fais pas! Tu vas voir tes fesses! Si ça va chauffer!
Je vais t'en foutre, moi, pour ton grade et ton mérite, moi, de
la santé, de la prospérité et du bonheur! Pourvu seulement
que j'aille pas attraper ta saleté de virus! Bon, allez, tu me
suis, pas trop près, merci, toi qui te moques de ton patron en
lui débitant des âneries qui sortent tout droit de ton délire
comateux. Non seulement on n'exécute pas les ordres de son
maître, mais en plus on cherche à se payer la tête de son
maître! Regardez-moi cette petite frappe qui voudrait me
faire gober des trucs imaginaires et impossibles, des machins
à dormir debout! Non mais! Je te garantis qu'une chose: tu
vas voir comment que tous tes mensonges vont te retomber
dessus, dans le dos, et même le bas du dos!

Journ.: Un peu trivial, mais positif et responsable. Excellent sens
de la protection maternelle, infantile et virile.

Sos.: Rien compris du discours de ces télévisés. Aucune importance d'ailleurs. Mais toi non plus, Amphitryon, mon patron,
je ne comprends pas. Pour un petit employé, la pire des
peines, c'est de voir, quand il dit la vérité à son patron, la
vérité vaincue par la violence et la vanité.

Journ.: C'est toujours agréable d'entendre notre langue bien causée
par des gens du petit peuple, des smicards qui savent manier
l'allitération: vérité, vaincue, violence, vanité! Veu, veu, veu, et
reveu!

Amphi.: Enfin, mets-toi à ma place et raisonnons tous les deux: je
voudrais bien comprendre comment tu peux être à la fois ici
et là-bas, à la maison?

Journ.: Encore un qui ne comprendra jamais rien au *duplex*!

Sos.: Ce qui est certain, c'est que je suis bien ici et là! Comprenne
qui pourra! Mais tu ne saurais en être étonné plus que moi-
même je ne m'en étonne.

Amphi.: Ah bon! Et on peut savoir pourquoi?

Sos.: Parce que c'est comme je te le dis: tu ne saurais t'en étonner plus que moi-même. Et d'ailleurs, Sainte-Mère, ayez
pitié de nous! Moi qui te cause, je ne m'en croyais pas moi-
même, moi Sosie, jusqu'à ce que mon autre moi, mon

double à moi, mon sosie si tu veux, m'ait forcé à le croire...
Quelle histoire! Enfin, il m'a raconté en détail et sans une
erreur nos moindres faits et gestes pendant tout le temps que
nous avons passé chez l'ennemi. Il m'a volé mes traits ainsi
que mon identité. Deux gouttes de pinard ne se ressemblent
pas plus que lui et moi! Tiens: tout à l'heure, avant le lever
du jour, quand tu m'as envoyé à la maison, en partant du
port...

Amphi.: Oui, alors quoi?

Sos.: Eh bien: je n'étais pas encore arrivé jusqu'à notre porte, que
déjà je montais la garde, devant elle, justement!

Amphi.: J'en ai assez de toutes tes histoires belges! Est-ce que tu
as perdu la tête?

Sos.: Elle est bien là, à sa place, comme tu le constates!

Amphi.: Alors: après qu'il m'ait quitté, c'est la main du Diable
qui se sera abattue sur cette pauvre chose!

Sos.: Ah! Pour ça oui, j'ai été diablement battu et à coups de
poing, même!

Amphi.: Qui t'a frappé?

Sos.: Moi-même, le moi-même qui est maintenant à la maison.

Journ.: On va en faire la une!

Amphi.: Bon! On reprend: tu fais gaffe de répondre seulement si
je te pose une question. Premier point: je veux savoir quel est
ce Sosie, dont tu causes?

Sos.: Mais c'est ton employé, déclaré à la sécu et tout!

Amphi.: A toi tout seul, tu combles toutes mes envies domestiques!
D'ailleurs, depuis que j'existe, je n'ai pas connu d'autre Sosie
que ta pomme.

Sos.: Oui, mais malgré tout, je dois te dire ceci: je peux bien te
garantir que quand tu arriveras à la maison, tu trouveras, en
plus de ton serviteur, un second Sosie, également à ton service, qui de plus à le même père que moi, mon papa Dave, lui
aussi! Le vieux salaud! Qu'est-ce qu'il a dû s'en payer! Enfin bref, l'autre a le même visage et le même âge que moi.
Qu'est-ce que je peux ajouter? Le Sosie que tu connais est
devenu double: j'ai un jumeau, quoi!

Amphi.: Tout ce que tu me racontes me paraît effectivement bien étrange! Mais au moins, as-tu vu ma femme?

Sos.: Parlons-en justement! On ne m'a même pas laissé mettre un pied à l'intérieur.

Amphi.: Et qui t'en a empêché?

Sos.: Le Sosie dont je ne cesse de te causer, celui qui m'a physiquement agressé!

Amphi.: Et qui est ce fameux Sosie?

Sos.: Ben, c'est moi, c'est comme je te le dis et le répète depuis un bon bout de temps!

Amphi.: Mais dis-moi plutôt: tout à l'heure, comme ça, tu n'aurais pas fait un léger roupillon réparateur?

Sos.: Réparateur, mon cul!

Amphi.: Je veux dire, comme ça, que tu aurais pu voir en double, un autre So-So, un autre Sie-Sie...

Sos.: C'est comme ça! Comme si j'avais l'habitude d'exécuter les ordres de Monsieur dans un état comateux! Je l'ai vu et bien vu, éveillé; comme éveillé je te vois, comme éveillé je te parle! J'étais parfaitement éveillé, et il l'était aussi, le bougre, quand tout à l'heure il m'a cabossé avec ses gnons!

Amphi.: Mais qui, à la fin?

Sos.: Sosie te dis-je: mon *alter ego*, mon double et mon jumeau... Tu es bouché ou quoi?

Amphi.: Y a pas un intellectuel de gauche qui y retrouverait la queue de son chat! Tu débites de telles âneries!

Journ.: Nous, on est de gauche, parce qu'on est intellectuels! D'ailleurs, c'est vrai on a un chat! Un seul! Alors, vous pensez: c'est pas difficile de reconnaître sa queue!

Sos.: Ecoute, tu vas bientôt savoir la vérité: je vais moi-même te présenter à cet excellent Sosie, employé modèle!

Amphi.: Bon, en route... Il faut que j'en ai le cœur net. Quant à toi, tu exécutes les ordres de ton maître et empereur: tu me fais venir du bateau tout ce que je t'ai dit.

Sos.: Je n'ai pas l'habitude d'avaler vos ordres dans un verre de vin, comme de vulgaires lettres de cachet: et Vive l'Empereur!

Scène 2

ALCMENE, AMPHITRYON, SOSIE, THESSALA ET LES AUTRES.

Alcmène: Hélas! Dans toute notre vie et le peu
le peu de temps que nous passons sur cette terre, les plaisirs sont
                 bien minces, en regard des peines.
             Tel est le lot de chacune existence;
                  telle est la volonté des dieux:
             il faut que le plaisir s'accompagne d'une peine,
             et que toujours un bonheur épouse une douleur.
                 Le bonheur, la douleur et le malheur
             sont mon lot, aujourd'hui, et mon expérience.
                Pourquoi vous en parlerais-je autrement,
             en cherchant des exemples dans la mythologie,
             ou ailleurs encore dans les ouvrages savants?
                J'en suis bien assez savante par moi-même:
                  j'ai peur et j'ai mal. Toute petite fille,
             ma mère m'a dit la confiance et la fidélité
             qu'une femme doit toujours garder envers son époux.
                J'ai longuement vécu d'espoir et d'innocence!
                   Mais aujourd'hui, quelle désillusion!
                  La noce a pourtant été belle...
                  Et le gâteau, et le champagne...
                  J'ai eu un peu de pur bonheur
                     pendant le peu de temps pur
                   qu'il m'a été permis de passer
                     dans les bras de mon mari,
                    dans les draps de notre lit!
                 Oui, j'ai goûté au miel du ciel,
                    mais une nuit seulement!
                  Et le voilà qui brusquement
                  me délaisse et m'abandonne,

sans attendre le retour
de la clarté du jour!
Il est parti,
il m'a quittée,
et je me sens seule,
seule au monde,
à cause de l'absence,
de l'absence de celui
qui pour moi était
le seul au monde!
Et le chagrin de son départ
me donne une peine plus grave
et plus profonde que la joie
de son arrivée tant aimée.
Je suis heureuse, ou du moins réjouie
à l'idée qu'il ait vaincu nos ennemis
et qu'il va me revenir chargé de gloire:
la gloire est la consolation des épouses
de militaires. Elles murmurent, seules,
dans leurs nuits solitaires et froides,
pour espérer que du moins il rentrera
le front glorieux et chargé de lauriers.
Moi aussi, j'accepterai tout,
j'endurerai tout, jusqu'au bout
et même son absence,
le cœur courageux
et l'âme aimante,
pourvu que mon héros soit célébré
comme un brave
comme un vainqueur
et qu'il soit décoré
de la légion d'honneur
et des anciens combattants
et du mérite national.
C'est à ce prix que je m'estimerais
au moins d'une certaine façon, satisfaite!

Oui la bravoure est la plus belle des récompenses!
Oui la bravoure est le bien et le bonheur suprême!
Liberté, égalité, fraternité: c'est la bravoure!
Amour, devoir, patrie: c'est la bravoure!
Parents, grands-parents, arrières-grands-parents: c'est la bravoure!
Enfants, petits-enfants et arrières-petits-enfants: c'est la bravoure!
La bravoure a tout en elle et l'on a tout, si l'on détient la bravoure!
Journalistes: Bravo pour la bravoure!
Quelle brave femme de militaire!
Plus brave qu'elle, tu meurs!
Elle a raison: sans la bravoure,
on ne vivrait que de bavures!
Pas de sécu, pas de Maïf, pas de Mgen!
L'enfer! Quoi! Heureusement qu'il
y a des braves qui se défoncent
pour la sécu, la Maïf et la Mgen.
Sans parler des maisons de retraite
et des Pompes Funèbres, tristes mais dignes,
qui vous emballent,
qui vous bichonnent,
qui vous détergent,
qui vous désinfectent,
qui vous repassent la moustache,
qui vous retapent la cravate,
et vous font un plumard éternel!
Bref! Nous sommes pour la bravoure!
Amphitryon: Mais qu'est-ce que c'est que ce concert du chœur
des castrats des Invalides! C'est à croire que toutes nos
braves sages-femmes sont devenues des faiseuses d'anges!
Mais, laissons cela; trêve de plaisanteries fines et enfantines:
mon Alcmène m'attend, ma Mémène à moi! Sur mon képi!
Je crois bien que mon arrivée va combler tous ses vœux et au-
delà même. Car elle m'aime, ma Mémène, comme je l'aime
moi-même. Ça va être le grand frisson! Et en plus: on a
gagné. L'ennemi est vaincu; personne n'espérait la défaite de
nos adversaires. Mais, grâce à ma foi inébranlable et à mon

sens tactique, nous les avons battus à la première offensive.
C'est sûr et certain: elle m'attend et mon arrivée va combler
tous ses vœux, à la Mémène!

Sosie: Et moi, alors? Tu t'imagines pas comme moi aussi je suis
attendu par ma petite camarade de plumard!

Alcm.: Ciel! Mon mari!

Amphi.: (*à Sosie*) Viens un peu par ici avec moi.

Alcm.: Mais pourquoi revient-il? Tout à l'heure, il se disait si
pressé. Il veut sans doute me mettre à l'épreuve et voir comme
je regrette son départ? A vrai dire, je ne suis pas mécontente
de le voir sitôt rentré à la maison.

Sos.: Amphitryon, ça vaudrait mieux qu'on retourne au bateau.

Amphi.: Quelle idée!

Sos.: Personne à la maison ne nous servira un petit casse-croûte en
signe de bienvenue!

Amphi.: Et pourquoi, s'il te plaît?

Sos.: Nous arrivons après la soupe!

Amphi.: Hein?

Sos.: Tu vois Alcmène devant la maison: vise un peu le bide
qu'elle se paye!

Amphi.: Ben quoi! A mon départ, je l'ai laissée enceinte déjà!

Sos.: Ah! Pauvre de moi!

Amphi.: Qu'est-ce qu'il t'arrive?

Sos.: Il m'arrive, si je suis bien tes calculs, que j'arrive tout juste
au dixième mois, pour faire la corvée d'eau en l'honneur de
l'accouchement!

Amphi.: Bon courage!

Sos.: C'est ça: bon courage! Mais attention: quand j'aurais commencé à tirer de l'eau, ton puits, je vais te le vider, cul-sec,
comme on dit: plus d'eau, plus d'âme… Dans le puits!

Amphi.: Toi, tu me suis. On trouvera bien quelqu'un pour puiser,
dans le puits. Ne t'épuise donc pas!

Alcm.: Je crois que c'est à moi, d'après les convenances, de faire
le premier pas. Mais je me sens gourde et engourdie!

Amphi.: Amphitryon a le plaisir de saluer son épouse tant désirée,
celle qu'il considère comme la meilleure des Thébaines, celle

dont les Thébains se plaisent à louer la vertu! Turlututu! Tu
as la santé, en plus! Turlututu! Et j'espère que tu ne m'as pas
trop attendu? Turlututu!

Journ.: Turlututu! Comme c'est gentil! Turlututu!

Sos.: Parlons-en, turlututu! Je n'ai jamais vu, retour plus attendu,
turlututu! Un mari qu'on salue, turlututu! Comme un chien
dans la rue, turlututu! Poil au nez! Turlututu!

Amphi.: Et je suis tout joyeux de te voir si joliment porter ta grossesse, jusqu'au menton!

Journ.: Quelle suprême élégance! Il parle à sa femme comme à
une vache pleine dont on espère le maximum de travail et de
rendement!

Alcm.: S'il te plaît, mon cher mari, explique-toi! Tu veux me
tourner en ridicule ou quoi? Tu me fais de grandes salu-
tations, comme si tu ne m'avais pas vue depuis longtemps,
comme si tu revenais tout juste à la maison après la guerre.

Amphi.: Mais ouiche! C'est bien la vérité: je te vois aujourd'hui,
maintenant, pour la première fois depuis mon départ.

Alcm.: Tu mens, pourquoi?

Amphi.: Je ne mens jamais: on m'a appris à dire toujours la vérité…

Alcm.: Alors, c'est grave, car tu sembles avoir désappris ta leçon!
Tout les deux, vous revenez pour me mettre à l'épreuve et
douter de ma fidélité. Pourquoi ce brusque retour, hein? Je
vous le demande un peu! Dis-moi sérieusement: est-ce que tu
as été retardé par la cérémonie des auspices qui n'en finissait
pas, ou par le mauvais temps qui t'a empêché d'aller rejoindre
tes troupes, comme tu me le disais naguère?

Amphi.: Naguère? Quand donc «naguère» ai-je pu dire cela?

Alcm.: Tu me cherches ou quoi? Tu ne connais pas le français?
«Naguère», ça veut dire: «il n'y a guère».

Amphi.: Je ne comprends pas comment cela a pu se produire
«naguère» ou «il n'y a guère», comme tu dis?

Journ.: Nous, on ne connaît qu'une guerre! Celle dont on revient
par la gare! D'où le dicton fondé: «gare à la guerre»! Rions!

Alcm.: Qu'est-ce que tu as derrière la tête? Monsieur voudrait
sans doute que je réponde à ses plaisanteries fines par des

finesses aussi plaisantes? Alors que Monsieur prétend qu'
il rentre à la maison pour la première fois, quand Monsieur
ne fait que tout juste sortir d'ici, tout juste, «il n'y a
guère»!

Amphi.: Elle parle comme dans une sorte de délire!

Sos.: Attends un peu qu'elle sorte de son premier sommeil!

Amphi.: Elle, elle ne dort jamais que d'un œil!

Alcm.: Que d'un œil, mais du bon! En tout cas, maintenant, moi
j'ai l'œil frais et je dis exactement ce qui s'est passé. A savoir:
avant l'aube — «naguère» si tu préfères — je t'ai vu, de mes
yeux vu, toi et ton pianiste!

Journ.: Quel humour dans l'amour! Elle veut parler du pauvre
mec qui l'accompagne partout, à la paix comme à la guerre,
celui qui court plus vite que l'ombre de son cheval, mais qui
ne saurait même plus dire le nom de son cheval! Ajoutons, du
reste et pour plus de précision informatique, qu'un esclave
n'enfourche habituellement que des ânes. Décidément l'humour restera toujours comme une valeur éternelle au firmament des idées impérissables et imputrescibles! Ouf! Ouf!
Ouf! Quelle belle rhétorique est la nôtre, n'est-ce pas?

Amphi.: Tu m'as vu, tu nous as vus, mais où? Précise ta topo-
graphie!

Alcm.: Ici, à ton domicile, à ton code postal! Avec les bons chiffres!

Amphi.: Absolument impossible!

Sos.: Laisse tomber! Après tout, je ne vois pas pourquoi le bateau
ne pourrait pas nous avoir transportés ici, justement, de la
pleine mer à la pleine terre!

Amphi.: Arrête tes conneries: tu causes comme elle.

Sos.: Qu'est-ce que ça peut faire? Tu n'es pas au parfum des
affaires et des scandales actuels? Bacchus, les Bacchantes et
les Bacchanales, quelques milliers de victimes de la foi des
sectes dures, pour toi, c'est rien? Allons! Si tu contraries ta
Bacchante dans ses Bacchanales, de folle qu'elle est, tu vas la
rendre encore plus zinzin. A ce moment là, ces bêtes là, ça
peut aiguillonner fort, par derrière. Si tu chantes sa chanson,
tu n'encaisseras qu'un seul coup d'épingle!

Amphi.: Pas question! Par exemple! Je m'en vais la traiter comme elle le mérite, cette pouffiasse! Qui se demande si elle doit ou ne doit pas m'accueillir en prenant les devants, quand je reviens de la guerre, moi! Du naguère, moi! De la guerre de naguère, moi! Je te lui en foutrai, moi, du «il n'y a guère»… La guerre — moralité — abolit le temps; mais ce qui est bien plus grave: elle tue les âmes et les esprits, elle tue les gens, ah! Ah! Ah! Ah! Ah! Ah! On va voir ce qu'on va voir!

Sos.: Tu es en train de mettre le pied juste dans un nid de guêpes!

Amphi.: Ferme-la! Quant à toi, Alcmène: une seule question…

Alcm.: Tant que tu voudras!

Amphi.: Stupide ou superbe? Qu'est-ce qui l'emporte en toi: l'orgueil ou la bêtise?

Alcm.: Mon petit mari! Allons! Comment, dans ta petite tête, tu peux imaginer des choses pareilles sur ta petite femme?

Amphi.: Ben! C'est qu'avant, quand j'arrivais, tu avais l'habitude de me causer comme font toutes les braves Thébaines à leur mari, quand il rentre à la maison: «Tu veux tes pantoufles? Et un petit whisky, bien sûr? Mon pauvre minet, tu as tellement travaillé au bureau! Un glaçon? Ah non, toujours ton affreux chef réfrigérant! Un peu d'eau? Oui, ça te reposera l'estomac. Gazeuse? Non, ça te donnerait des idées». Voilà, en tout cas, ce que devraient causer les femmes de militaires à la fin des grandes manœuvres? A plus forte raison, aujourd'hui, premier anniversaire anticipé de la victoire, pour accueillir ton héros, je te trouve un peu chose, comme qui dirait, tiède, voire encore nouille!

Alcm.: Mais je peux t'assurer, mon cher époux, qu'hier soir — peut-être ne t'en souvient-il plus? — pour ton arrivée, j'avais préparé le whisky — une bouteille neuve, même! —, les glaçons, au cas où, et l'eau pétillante. Je t'ai dit «Bonjour, comment vas-tu, etc.», j'ai pris ta main et je t'ai embrassé en te sautant au cou, même que, du coup, on est tombé d'un seul coup, direct, dans le canapé!

Sos.: Tu lui as dit «bonjour», à lui, hier au soir?

Alcm.: Et aussi à Sosie, d'une moindre façon!

Sos.: J'avais bon espoir qu'elle te donne un garçon, mais ce n'est pas d'un fils qu'elle est enceinte.

Amphi.: Qu'est-ce que tu dis?

Sos.: Elle porte en elle la folie!

Alcm.: Mais j'ai toute ma raison! Et tout ce que je demande aux dieux, c'est que mon accouchement se passe sans problème et que j'ai un beau garçon! Quant à toi, Sosie, tout ce que tu mériterais, si Amphi. faisait ce qu'il devait faire, c'est une bonne raclée! Après quoi, prophète de malheur, tu tomberais dans les pommes!

Sos.: Ben, comme ça, je pourrais t'en apporter une à croquer, pour mordre dedans, pendant les douleurs!

Amphi.: Ainsi toi, tu m'aurais vu ici, hier?

Alcm.: Oui, moi! Faut-il te le répéter dix fois?

Amphi.: Dans tes rêves, sans doute?

Alcm.: Pas du tout: j'étais même drôlement excitée et en super-forme, toi aussi, du reste, je le reconnais!

Amphi.: Malheur de misère de moi!

Sos.: Qu'est-ce qui t'arrive?

Amphi.: Ma femme commence à délirer.

Sos.: Ah, alors, c'est le foie qui lâche: la bile noire! Il n'y a rien qui fasse si vite délirer une créature humaine!

Amphi.: Dis-moi, femme, quand as-tu ressenti pour la première fois l'arrivée de la crise?

Alcm.: Mais il n'y a jamais eu de crise! Et je me sens très bien dans ma peau et dans ma tête. mon *look* et mon *mental*! *Mens sana in corpore sano*, si t'as pas perdu ton latin à la guerre!

Amphi.: D'accord, mais alors pourquoi dire que tu m'as vu hier? C'est cette nuit seulement que nous sommes entrés dans le port! C'est là que j'ai dîné. J'ai dormi toute ma nuit à bord. Et je n'ai donc pas remis les pieds à la maison depuis mon départ à la guerre et la victoire que mes hommes et moi avons remportée sur les Télébéotiens!

Alcm.: Et moi, je te dis qu'on a dîné en tête à tête, et qu'on a couché en... Bref: ensemble!

Amphi.: Hein? Qu'est-ce que tu dis?

Alcm.: Je dis la vérité!

Amphi.: Sur ce point, non! Je te le jure! Sur la suite, je voudrais bien savoir…

Alcm.: Aux premières lueurs de l'aube, tu es parti rejoindre tes hommes.

Amphi.: Et de quelle façon, je…

Sos.: Elle te raconte les choses, de mémoire, d'après son rêve! Mais toi, Madame, une fois réveillée, tu aurais mieux fait de faire une prière à Jupiter des prodiges en lui offrant la blédine salée ou l'encens!

Alcm.: Un malheur pourrait bien te tomber sur la tête!

Sos.: Et sur la tienne aussi… Je veux dire: sur ta tête retombe le devoir de ce sacrifice…

Alcm.: Voilà la deuxième fois qu'il me parle de façon brutale, et sans qu'on lui passe un bon savon!

Amphi.: La ferme, Sosie! Laisse parler Madame! Ainsi selon toi, ma douce, je t'ai abandonnée avec le jour naissant et j'ai quitté la maison au petit matin?

Alcm.: Et qui d'autre que toi ou lui aurait pu me raconter le déroulement de la bataille?

Amphi.: Parce que tu sais ça aussi!

Alcm.: Naturellement! Puisque c'est de ta propre bouche que j'ai appris que tu avais pris d'assaut une métropole et tué son roi, le roi Ptérélas.

Amphi.: Et c'est moi qui te l'ai dit?

Alcm.: Toi même, et en présence de Sosie.

Amphi.: Sosie, tu m'as entendu, aujourd'hui, lui faire ce récit?

Sos.: Et où aurais-je pu entendre ça?

Amphi.: Tu n'as qu'à lui demander.

Sos.: Certainement pas en ma présence, que je sache!

Alcm.: J'aurais aussi été bien étonnée s'il avait osé te contredire!

Amphi.: Sosie, voyons, regarde-moi droit dans les yeux.

Sos.: Au fond des yeux, je te regarde!

Amphi.: J'exige toute la vérité, sans aucune complaisance ni compromission: oui ou non, m'as-tu entendu aujourd'hui lui raconter tout ce qu'elle dit?

Sos.: Pitié, s'il te plaît! Tu es devenu fou, toi aussi?

Pourquoi me poser une telle question, à moi, moi qui vois Alcmène, maintenant pour la première fois, en même temps que toi, et en ta présence encore?

Amphi.: Alors, maintenant, hein, Mémène, tu l'as entendu?

Alcm.: Pour ça: oui! Et j'ai même entendu un beau menteur!

Amphi.: Tu nies sa version qui est aussi la mienne, moi, ton mari?

Alcm.: Absolument: car j'ai toute confiance dans ma conscience et que je sais que les choses se sont passées comme je le dis.

Journ.: Nous qui sommes féministes et défenseurs des causes sexistes, celles qui nous conviennent du moins, nous ne pouvons que faire semblant de ne pas déplorer la gravité extrême de cette situation dont l'examen devrait relever des services compétents au plus haut niveau...

Amphi.: Il n'y a pas un moyen de faire taire ces mouettes qui se prennent pour des harpies?

Sos.: Il faudrait faire venir une solide harpiste!

Amphi.: Bon: tu dis que je suis arrivé ici, hier?

Alcm.: Bon, tu nies que tu m'as quittée, ce matin?

Amphi.: Ah! Mais oui que je le nie! Et j'affirme même que je rentre tout juste à la maison! C'est donc la première fois que je te revois.

Alcm.: Encore un détail, s'il te plaît. Est-ce que tu nies le fait suivant: tu m'as donné en présent aujourd'hui, une coupe en or, qu'on t'aurait offerte, là-bas, à ce que tu dis?

Amphi.: Cette coupe? Non! Je ne te l'ai point donnée, et même, je ne t'en ai pas parlé. En fait, telle était mon intention, au départ... Mais qui donc a bien pu t'en parler?

Alcm.: Mais qui veux-tu que ce soit? Toi, toi et toi! C'est toi qui m'as remis la coupe. C'est toi qui m'as remplis la coupe de paroles et de promesses belles et tendres...

Amphi.: La coupe de Ptérélas! Merde! Excuse une seconde... Je n'y comprends plus rien! A moins que... Sosie? Sosie: explique comment elle peut savoir qu'on m'a donné là-bas une coupe en or, puisque tu ne l'aurais pas rencontrée, tantôt, et que tu ne lui aurais rien raconté, tantôt?

Sos.: Merde aussi à la fin! Ta nana, je lui ai pas causé, pas un vuvu-vouvou sans toi, et même que je l'ai vue qu'avec toi, mon maître, et en compagnie de toi, mon maître... Ah! Pardon! Maître...(*Pleurs*)

Amphi.: Mais qu'est-ce qu'il est chiant!

Alcm.: Archi-chiant, tu devrais dire! Mais bon! Monsieur veut-il qu'on lui apporte la coupe, du *de cujus* dont je me tape?

Amphi.: Qu'on me l'apporte à l'instant.

Alcm.: Et allons-y: Thessala, ma chérie, tu peux aller chercher à la maison la coupe que Monsieur m'a rapportée, ce matin, pour qu'il la voit bien, ce matin sa coupe...

Amphi.: Sosie! Viens par ici! Elle va encore nous étonner: si elle possède cette coupe, cette incroyable histoire va nous sembler plus incroyable encore!

Sos.: Arrête! Tu ne vas pas croire ça! La coupe est dans ce coffret, un attaché-case inviolable, scellé de ton cachet et dont tu as, seul, la combinaison.

Amphi.: Et le sceau est-il intact?

Sos.: Regarde toi même!

Amphi.: O.K.! Exactement comme je l'ai mis.

Sos.: Tu devrais la conduire à l'exorciste de la cathédrale!

Amphi.: Ma foi, ça ne serait pas du luxe... Elle est possédée d'un démon, comme le regretté Socrate!

Alcm.: Assez jacassé: la voilà, ta coupe!

Amphi.: Donne-la moi!

Alcm.: Allez! Toi qui doutes de ce qui est le plus évident, regarde maintenant attentivement cette coupe, afin que je puisse te confondre publiquement: est-ce bien la coupe qu'on t'a remise là-bas?

Amphi.: O Jupiter Dieu Suprême, que vois-je? C'est bien la coupe en question. Sosie: prévient les pompes funèbres pour mes funérailles.

Sos.: Nom d'un chien: ou cette femelle est la plus grande des sorcières-illusionnistes-prestidigitatrices, ou la coupe doit être dans ce coffret.

Amphi.: Alors, oui ou merde, tu me l'ouvres ce coffret?

Sos.: Pas besoin de l'ouvrir! Il est parfaitement cacheté. Je comprends tout, l'affaire est simple: toi, tu as donné naissance à un second Amphitryon; moi, j'ai donné le jour à un autre Sosie; si la coupe a accouché d'une coupe, c'est chouette!

Journ.: Et pourquoi, s'il vous plaît?

Sos.: Ben, parce que, comme cela, tous les trois, nous avons notre double, et youpi pour Pythagore!

Amphi.: C'est plus sûr d'ouvrir et de voir!

Sos.: Tu vérifie encore le cachet pour que tout ça ne me retombe pas dessus.

Amphi.: Y en a marre! Ouvre-moi ce machin! Elle va finir par nous rendre fous avec ses histoires!

Alcm.: Et d'où, je vous le demande un peu, me viendrait cette coupe, si ce n'est pas toi qui me l'as donnée?

Amphi.: *That is the question!*

Sos.: Jupiter, ah! Jupiter!

Amphi.: Qu'est-ce qui t'arrive?

Sos.: ... Dans le coffret... Pas de coupe!

Amphi.: Tu dis?...

Sos.: ...La vérité!

Amphi.: Si on ne la retrouve pas, tu peux commencer ton propre chemin de croix!

Alcm.: Mais elle est déjà toute retrouvée!

Amphi.: Et qui donc te l'a donnée?

Alcm.: Celui qui pose la question.

Sos.: (*à Amphitryon*) Mais oui! J'ai compris le piège, ton piège: tu as secrètement quitté le bateau; par un autre trajet, tu as couru jusqu'ici; puis tu as retiré la coupe du coffret pour l'offrir à Madame; ensuite, tu as remis le cachet, ni vu ni connu! Poil au nez!

Amphi.: C'est pas vrai! Alors, toi aussi, tu donnes un coup de main à sa folie! (*à Alcmène*) Et toi, tu maintiens que nous sommes venus ici, hier?

Alcm.: Affirmatif, et même qu'à ton arrivée, après qu'on se soit dit tout ce qu'on dit toujours dans ces cas-là, je t'ai roulé un patin à te faire perdre la respiration!

Amphi.: Voilà un début qui ne me plaît guère, avec ce foutu baiser! Mais continue.

Alcm.: Tu as pris ton bain.

Amphi.: Et après mon bain?

Alcm.: Ben, tu t'es mis à table.

Sos.: Bien, très bien, tout cela. Demande lui la suite!

Amphi.: Tu me coupes la parole! Alcmène, vas-y, continue!

Alcm.: On a dîné en amoureux: au salon, sur la table basse, et nous dans le canapé, l'un contre l'autre.

Amphi.: Dans le même canapé?

Alcm.: Le même.

Sos.: Houlala! Voilà un canapé qui ne nous plaît pas!

Amphi.: Laisse-la terminer son exposé des faits. Bon, alors, après le souper?

Alcm.: Ben, tu répétais sans arrêt que tu avais sommeil! Alors, on a débarrassé la table et on est allé se coucher.

Amphi.: Mais toi, où as-tu été te coucher?

Alcm.: Mais avec toi, dans le même lit, ensemble, dans notre chambre!

Amphi.: *Crematorium* de *funerarium!*

Sos.: Qu'est-ce qu'il te prend?

Amphi.: C'est elle, elle qui vient de me livrer à la mort en personne!

Alcm.: Mais quoi, à la fin! Mon chéri!

Amphi.: Ne me dis plus jamais ça.

Sos.: Mais qu'est-ce qu'il te prend?

Amphi.: Je suis un pauvre type, un pauvre type foutu, un pauvre type cocu à cause d'un salaud qui a séduit ma femme pendant que j'avais le dos tourné!

Alcm.: Je voudrais bien que tu m'expliques comment tu peux débiter de telles horreurs, toi, mon propre époux?

Amphi.: Moi, ton époux? Faux-cul, tu me traites de vrai-con!

Sos.: Mais c'est atroce! On ne sait plus qui est la femelle et qui joue le mâle dans cette histoire!

Alcm.: Mais qu'ai-je fait, à la fin, pour mériter ta hargne?

Amphi.: Alors là: c'est la meilleure! Tu me racontes tout ce que tu t'es payé... Et, après, tu me demandes si c'est chouette ou si c'est moche!

Alcm.: J'aimerais assez que tu m'expliques ce que j'ai fait de mal
en passant la nuit avec toi, dans le lit conjugal et les devoirs
conjugaux?

Amphi.: Toi? Passer la nuit avec moi? Salope! Quelle impudence!
Si tu te prostitues, la nuit, veille au moins à jouer les dames
catéchistes, dans la journée!

Alcm.: Dans ma famille, on a encore conservé le sens de l'honneur. On ne pourrait peut-être pas en dire autant pour toutes
les familles. Tu m'accuses, vas-y, de manquement à l'honneur. Mais ton honneur à toi serait de prouver vraiment mon
déshonneur. Si tu en avais un peu!

Amphi.: Bordel à culs! Sosie! Sosie! Pitié: toi, tu me reconnais
au moins?

Sos.: Couci-couça.

Amphi.: Hier, à bord du vaisseau amiral, n'ai-je pas bien dîné,
dans le Golfe Persique, en suivant l'étiquette du protocole?

Alcm.: De mon côté, j'ai mon alibi et des témoins!

Sos.: Je ne sais plus quel jugement rendre dans cette affaire. Tout
se passe comme s'il y avait un second Amphitryon…Lequel
dans la journée s'occuperait des piou-pious, et, le soir, recom-
mencerait ses grands plans de bataille auprès de Madame!
Pour ma part, déjà, je dois dire que mon histoire de tout à
l'heure avec mon suppléant, me joue les grandes orgues!
Mais, pour toi, mon pauvre Amphitryon, c'est encore plus
compliqué: amours, délices et orgues, on n'y comprend plus
rien!

Amphi.: C'est un envoûteur qui lui aura troublé l'esprit!

Alcm.: Et ta sœur! Je le jure, par Jupiter, le pater des paters, et par
sa chaste épouse, la brave Junon, la patronne des matrones: je
le jure, jamais, au grand jamais, aucun mortel autre que toi,
n'a su jouer du corps à corps, comme tu sais la musique, par
cœur, avec moi. Comment aurait-il pu, dans ces conditions,
savoir mettre douloureusement un bémol de deuil au dièse de
mon honneur?

Amphi.: La belle histoire! A d'autres! Belle histoire de la musique,
ouais!

Alcm.: Je dis cette histoire, belle ou pas, mais vraie, mais en vain, puisque tu ne la crois pas.

Amphi.: Vous, les femmes n'êtes pas à un serment près.

Alcm.: Il sied, en effet, à celles qui n'ont pas trompé ni fauté, de ne rien craindre et de s'exprimer avec une assurance absolue.

Amphi.: Pour l'assurance, tu assures!

Alcm.: Comme il sied à une femme honnête.

Amphi.: Dommage seulement que tu n'aies que des preuves verbales!

Alcm.: Des mots? Parlons-en! Et ma dot, alors? Justement, pour te déclarer ceci: ma dot n'est pas matérielle, uniquement, comme le pense les imbéciles. Ma dot: c'est en trois mots: pureté, pudeur et empire sur mon corps, plus: la crainte des dieux, l'amour des parents et la concorde familiale, plus: être pour toi une épouse docile, une femme généreuse pour les gens de bien et une dame méritante pour ceux qui sont justement au chômage!

Sos.: Voilà la femme parfaite, sûr, si elle cause vrai!

Amphi.: Ah la vache! Quel charme! La vache! Son charme m'ensorcelle si bien que je ne sais plus vraiment qui je suis.

Sos.: Mais si! Mais si! Tu es Amphitryon, et du reste, tu fais bien attention qu'on te pique pas ta carte d'identité, car on fait dans l'embrouille, depuis notre retour, et on ne sait plus qui est qui!

Amphi.: Ma Mémène à moi: pas question de laisser tomber cette affaire, sans que j'y vois clair!

Alcm.: Mais c'est avec grand plaisir!

Amphi.: Ah! Mais! Comme elle cause, ma Mémène! Bon: question; tu réponds. Exemple: si je ramène ici du vaisseau amiral ton cousin Naucrate, alias le «Capitaine», celui qui a fait toute la traversée avec moi, sur le même bord, et s'il n'est pas d'accord avec toutes tes déclarations, que mérites-tu, Mémène, à ton avis? Est-ce que tu pourrais encore invoquer un mobile contre notre divorce?

Alcm.: Aucun, si je suis reconnue coupable.

Amphi.: Entendu. Parfait! Toi, Sosie, tu t'occupes de ces journalistes. Moi, je vais au bateau, chercher Naucrate. Je le ramène tout de suite.

Sos.: Maintenant, Maîtresse, nous sommes seuls. Dis moi franche-
ment, sérieusement: y a-t-il à la maison un autre Sosie qui me
ressemble?

Alcm.: Fous-moi le camp! Serviteur de ton digne maître! Bon!
Ce qui m'inquiète davantage, c'est cette mouche qui a piqué
Amphi., mon petit mari, de m'accuser sans raison d'une si
mauvaise action. On verra bien: je saurai bientôt la vérité
grâce à mon cousin, le cousin Naucrate.

ACTE III Scène 1

Jupiter et le chœur des journalistes.

Jupiter: Mesdames et Messieurs les médiatiques, ne partez pas. Ecoutez. Il va y avoir du nouveau et du sensationnel. En tant que médiatiques, c'est-à-dire originaires de Médie, vous êtes descendants de Médée la grande magicienne. Voilà bien pourquoi vous jouez aux magiciens sur nos miroirs télévisuels. J'ai donc, pour vous, un *scoop*!

Journalistes: Ah! Enfin! Depuis le temps que cette histoire se traîne! Mais à qui avons nous l'honneur?

Jupi.: Eh bien voilà toute la vérité, ni divine ni humaine, car la vérité ne fait pas plus plaisir aux dieux qu'aux hommes. Du reste, elle n'intéresse que les juges et les avocats, parce qu'ils s'inventent une vérité sur le dos du client-coupable...

Journ.: Comme c'est vrai ce qu'il dit!

Jupi.: En tout cas, voici la vérité: tel que je vous cause, c'est moi qui suis Amphitryon, le patron de Sosie, lequel devient Mercure, quand ça m'arrange! Disons que c'est comme si j'occupais l'appartement du dessus avec ascenseur-descendeur. De l'Olympe, je mets pas une minute. Tout juste le temps d'être ou de ne pas être Jupiter. Foudroyant que je suis! Mais, bref, dès que j'arrive ici, je me métamorphose illico en Amphi.! Juste le temps de changer de costume. Maintenant, je viens à cause de vous, Mesdames et Messieurs de la presse écrite et parlée (n'importe comment)!

Journ.: Ah! Oui! Et pourquoi?

Jupi.: Je ne voulais pas laisser cette comédie inachevée. Je viens aussi pour assister Alcmène: son mari l'accuse injustement d'avoir déshonoré toute la famille! En effet, ce serait moche de ma part, si je laissais retomber sur cette petite le poids de la faute dont je suis responsable. Tant pis si j'y laisse mon bonus, pourvu qu'elle n'ait pas de malus! A présent, comme je l'ai déjà fait, je vais reprendre les traits d'Amphi. et plonger toute cette maisonnée dans un *qui pro quo* inextricable et du tonnerre de Zeus!

Journ.: Et après?

Jupi.: Ben après je tirerai toute cette affaire au clair. Je jouerai les assistantes-sages-femmes auprès d'Alcmène, le terme venu. Je vais même la faire accoucher en une seule fois et sans douleur du double fruit de ses entrailles, celui que je lui ai fait, et celui qui vient de son mari, le pauvre Amphi., un bien sympathique garçon, allez! Et qui a du mérite, parole de dieu! Bonnes gens! A part ça, j'ai demandé à Mercure de me rejoindre immédiatement au cas où j'aurais besoin de ses services. Mais voici Alcmène — Mémène, comme il dit! —. Il faut que nous ayons une conversation tous les deux.

Scène 2

ALCMENE, JUPITER ET LE CHŒUR DES JOURNALISTES.

Journalistes: Cela risque de chauffer! On réduit les micros et on bâche les caméras, comme en 68. Sauf contrordre, en cas de crédit supplémentaire débloqué par l'Olympien en chef!

Alcmène: Pas une minute de plus, non! Pas une fraction minime de cadran solaire, non! Pas une dégoulinade de clepsydre: je ne veux plus rester dans cette baraque. Moi? Accusée! Et par mon mari, encore! Moi? Traitée d'infâme, de débauchée et de déshonorée! Par mon mari, encore! Il gueule et il gueule: il soutient que ce qui s'est passé n'est pas vrai et il m'accuse d'actions que je n'ai pas commises. Et il croit que je m'en fiche et que cela va se passer comme ça! Tu vas voir, mon super-médaillé, mon petit merdaillon! Pas question de supporter davantage tes accusations fausses et infamantes. De deux choses l'une: ou je me le plaque, direct, ou bien il me fait ses excuses, et devant témoins encore, en précisant bien qu'il retire les paroles qu'il a dégoisées sur mon compte, sur le dos d'un innocente-vierge-mère et martyre!

Journ.: Innocente? Innocente? Elle l'a pas fait exprès, mais tout de même! Cette histoire devient affolante et nos clients ne veulent que du réalisme mou et moche! De toute évidence, le scénario est raté: l'héroïne est sincère, mais en même temps elle ment, puisqu'elle ignore la vérité, sa vérité! Ah: Dieu que les dieux sont compliqués!

Jupiter: Mais non: il n'y a rien de tel qu'un journaliste pour ne rien comprendre à ce qui se passe et aller tout compliquer dans l'espoir de savoir expliquer. Vous allez voir: tout va se passer gentiment! Il suffit que j'accepte simplement de faire ce qu'elle demande, si je veux retrouver ses faveurs et son cœur. Le problème est simple. Amphi. a des ennuis à cause de

moi. Mon coup de foudre (c'est le cas de le dire!) pour sa
femme lui a sérieusement compliqué la vie. En plus, d'ailleurs, je n'y suis pour rien! Les dieux eux-mêmes sont soumis
à la fatalité de la passion, sachez-le bien, Mesdames et Messieurs les journalistes... Bref: je vais tout encaisser à sa place.
C'est moi qui réglerai l'ardoise pour toutes ses insultes, filles
de la jalousie et de la colère.

Journ.: Il est beau joueur! La partie s'annonce bien pour nos téléspectateurs: ça vaut un classé X!

Alcm.: Tiens! Le voilà, l'époux de la malheureuse que je suis! Un
joli Monsieur, en vérité, qui veut me faire passer pour une
catin et une putain!

Jupi.: Ma petite femme... Si on parlait? Mais tu t'enfuies?

Alcm.: Réflexe instinctif: je n'y peux rien! Dès que je vois un
sadique-agresseur, je fais ce que m'a appris ma mère: je
prends mes jambes à mon cou. J'aime mieux les voir à mon
cou qu'à celui des sadique-agresseurs!

Jupi.: Quoi! Comment? Moi: sadique-agresseur?

Alcm.: C'est comme je te le dis! Mais tu vas sans doute m'accuser de mentir sur ce point aussi?

Jupi.: (Il essaye de l'attirer contre lui). Et pourquoi que tu me fais
cette grosse colère?

Alcm.: Tu surveilles tes gestes, hein: ta main! Ecoute: si tu as
deux grammes de jugeote ou même si tu as le certificat
d'études, tu dois bien comprendre qu'avec une grosse liber-
tine comme moi, d'après les dires de Monsieur, Monsieur ne
pourrait avoir aucun entretien ni dans le rigolo ni dans le
serioso, à moins que, justement, Monsieur ne soit le plus
grand rigolo des gigolos?

Jupi.: Bah! Tu sais: on parle et on parle... On ferait mieux souvent de se taire, certes, mais qu'est-ce qu'un ménage qui ne
communique pas? Aussi, voici: tout ce que j'ai pu dire n'a
pas d'importance. Tu oublies tout. C'est du passé, n'en parlons plus! D'ailleurs, rien de cela ne saurait te concerner: ton
innocence ne fait aucun doute! Et si je suis de retour, précisément, c'est pour m'innocenter, à mon tour, devant toi! En tout

cas, je voudrais te dire que rien ne m'a été plus insupportable
que de savoir que tu m'en voulais. Je sais ce que tu vas dire:
alors, mon chéri, pourquoi m'as tu parlé sur ce ton? Ben,
c'est ce que je veux maintenant tenter de réussir à t'expliquer! La réponse est évidente: naturellement, pas un instant,
je n'ai pu imaginer que tu fusses coupable de quoi que ce
soit! Mais j'ai, bêtement, voulu mettre ton cœur à l'épreuve,
comme cela, pour voir: du poker, en somme! Je voulais voir
ta réaction. Crois-moi: tout ce que je t'ai dit tout à l'heure,
c'était du *bluff*! Du *bluff*! Ouf! D'ailleurs, si tu ne me crois
pas, tu peux avoir confirmation auprès de Sosie!

Alcm.: Ben, voyons! Mais je préférerais que tu m'amènes ici mon
cousin, Naucrate. Tu disais que tu devais l'amener ici, avec
toi, comme témoin que tu n'étais pas venu!

Journ.: Là, on est planté, largué, pommé…C'est plus compliqué
que Dallas! Hélas!

Jupi.: Mais tu imagines bien que ce n'était là qu'une plaisanterie
de plus, une raffinerie exquise, un raffinage total!

Alcm.: Mais ce que je sais moi, c'est le mal qui m'a frappé le cœur!

Jupi.: Alcmène, tu m'as donné ta main, ta main droite. Par cette main
qui a pris ma main, je te supplie: pitié! Pardon! Oublions nos
disputes et nos reproches…

Alcm.: J'ai toujours eu une conduite au-dessus de tout soupçon.
Voilà pourquoi je ne supporterai pas, moi qui ai toujours suivi
le droit chemin, d'être traînée dans la boue par des mots
qu'on lance, comme cela. C'est tout. Là-dessus: bien le bonsoir! Tu gardes les meubles que tu veux. Ce qui vient de ma
famille, tu me le feras transporter. Quand tu pourras. Mais, tout
de suite, ce serait aimable de ta part de me faire raccompagner.

Jupi.: Complément folle!

Alcm.: Et si tu ne veux pas, eh bien, je m'en irai toute seule avec
pour unique compagne la Vertu en personne!

Jupi.: Bof! Attends, tiens: par tous les dieux que tu voudras, je
vais jurer qu'il n'y a pas à mes yeux d'épouse plus vertueuse
que toi! Et du reste, si je mens, que le grand Jupiter en garde
une colère éternelle contre Amphitryon!

Alcm.: Parfait, mais demande lui plutôt qu'il nous soit propice!

Jupi.: Ça, j'en ai déjà la conviction, car ce n'est pas un faux serment que j'ai juré devant toi! Alors, finie, hein, cette grosse
colère?

Alcm.: Ben, oui! Finie!

Jupi.: Bon! Parfait! Car tu sais, dans la vie d'un homme, il arrive
souvent ce genre d'accident. On a ses plaisirs et puis on a ses
peines. On se fait des scènes et puis on se pardonne. Et tant
mieux: lorsque la scène en vient aux extrémités, comme la
nôtre, une fois qu'on a passé l'éponge, on s'aime deux fois
plus qu'avant!

Alcm.: Note: il aurait tout de même mieux valu commencer par
surveiller ton langage; mais, bon, puisque tu me demandes
d'oublier tout cela, il est de mon devoir de t'excuser et d'ac-
cepter.

Jupi.: En ce cas, tu voudras bien encore me faire préparer les
vases sacrés. Là-bas, à l'armée, j'ai fait des vœux pour obtenir un retour sain et sauf, et je dois donc tenir ces promesses.

Alcm.: J'y vais et je m'en occupe.

Jupi.: Et qu'on fasse aussi venir ici Sosie. Je veux qu'il aille chercher Blépharon, le capitaine de notre bateau. Qu'il l'invite à
déjeuner avec nous! (*A part*) Tu parles: il va déjeuner sur les
chevaux de bois et on va bien s'amuser quand il me verra
prendre Amphitryon au collet pour le mettre à la porte!

Alcm.: Je me demande ce qu'il peut bien marmonner dans sa
barbe? Mais la porte s'ouvre; ah! C'est Sosie!

Journ.: Il faudra bien centrer les commentaires sur deux thèmes:
un, la férocité de l'amour divin; et, deux, l'innocence des
créatures mortelles. Ah! Pauvre Alcmène, pauvre Sosie et
pauvre Amphitryon aussi! Conclusion: comme l'a dit quelqu'un, si dure est la comédie que lorsqu'on vient d'en rire, il
faudrait en pleurer. En tout cas, si ce n'est pas quelqu'un, ça
pourrait bien être le Pape, dans son encyclique et toute sa
clique «*Nunc ridendum aut lacrimandum...*»? Il n'y a qu'à
dire à la régie de regarder dans son dictionnaire des mots-
croisés!

Scène 3

SOSIE, JUPITER, ALCMENE, CHŒUR DES JOURNALISTES.

Sosie: Amphitryon, c'est moi! S'il y a quoi que ce soit pour ton service, tu n'as qu'à parler: exécution immédiate!

Jupiter: Tu tombes bien.

Sos.: Mince alors! Vous deux, vous avez déjà fait la paix? Bravo! De vous voir calmes, ça fait joliment plaisir. On dit parfois que les chiens ressemblent à leurs maîtres! Pour nous, les serviteurs obscurs et sans grade, c'est un peu pareil! Notre visage se moule sur les traits du maître. Il sera triste, si le patron est triste, gai si le patron est joyeux. Mais, réponds à ma question: c'est bien vrai? Vous avez fait la paix?

Jupi.: Cesse de faire le malin: tu sais très bien que je plaisantais tout à l'heure!

Sos.: Tu plaisantais? Vraiment? Moi, j'ai cru que ce n'était pas pour rire, mais pour de vrai!

Jupi.: On a eu une bonne explication et on a fait la paix.

Sos.: Magnifique!

Jupi.: A présent, je rentre pour faire le sacrifice que j'ai promis... à Jupiter!

Sos.: D'accord!

Jupi.: Toi, pendant ce temps, tu vas au bateau me chercher le Capitaine Blépharon. J'aimerais l'avoir à déjeuner après mon sacrifice...

Sos.: C'est parti, et je serai de retour quand tu me croiras encore là-bas!

Jupi.: Reviens sans traîner!

Alcm.: Tout va bien? Alors, je peux rentrer préparer tout ce qu'il te faut.

Jupi.: Vas-y, vole et que tout soit en ordre vite!

Alcm.: Tu peux venir quand il te plaira: je veillerai à ce que tout
  soit en place.

Jupi.: Tu es vraiment la femme modèle, efficace en paroles et aussitôt en actes! Sitôt dit, sitôt fait! (*Elle rentre*). Et de deux!
  La patronne et son sbire sont tous les deux bernés. Ils me
  prennent pour Amphitryon! Non mais! Erreur grossière! Et
  maintenant, c'est à toi de jouer mon petit Sosie céleste, à toi
  de m'assister. Bien que tu ne sois pas visible, je sais, moi, que
  tu écoutes mes moindres paroles. Amphitryon va nous faire sa
  grande fête du débarquement avec la Reine des Bretons et son
  Prince qu'on sort pour la circonstance! Tu te débrouilles, tu
  inventes n'importe quoi. Tu m'éjectes le militaire loin de ses
  foyers! Je veux qu'on se paye sa tête, pendant que je prendrai
  mon pied avec ma petite mariée d'un jour. Compris? Question? Alors: exécution! Tu m'arranges cela aux petits poils.
  Et puis d'abord, pour commencer, tu vas me faire l'enfant de
  chœur dans le grand sacrifice solennel que je vais de ce pas
  m'offrir à moi-même.

Journalistes: On a bien fait d'attendre. Mais pour les intérieurs, ça
  va être coton! Dommage: une vraie grand-messe, en direct, et
  célébrée par le dieu lui-même, ça ferait craquer les indices! Et
  si, en plus, à la sortie, on avait en prime la cérémonie du
  débarquement, en présence de Sa Majesté et de son charmant
  Breton! Ah! Quelle journée! Et dire que dans la tragédie
  vraie, le Chœur peut toujours se plaindre aux dieux! Tandis
  que nous, on ne peut même pas récriminer contre Jupiter!
  Allez! Ahlala! La vie des artistes n'est plus ce qu'elle était
  dans l'antiquité. Notre seul tort n'est que d'être esclaves de
  l'actualité, avec pour unique consolation de savoir, nous, qu'il
  existe encore des dieux. Tiens, qu'est-ce qu'on vous disait!
  En voici un qui revient, juste dans le champ des caméras!

Scène 4

MERCURE (*entrant en courant*), LE CHŒUR DES JOURNALISTES.

Mercure:

Arrière les derrières,
planquez vos fesses,
garez vos culs,
pauvres microbes,
petits maquereaux,
porteurs de micros,
engagés,
ravagés,
dégagez,
hors de ma vue,
hors de ma nue,
hors de ma rue,
disparaissez,
tous,
et qu'il n'en reste pas un
pour me reprocher le crime
que je vais commettre.
Si un seul traître
s'amuse à me plaquer
en ma qualité de dieu
de l'information,
je connais le rugby,
et à ce titre,
je ne vois pas pourquoi
un dieu n'aurait pas le droit
de menacer les badauds
pour les obliger,
à rentrer leurs bides,
derrière leur piano.

Dans la comédie
un vulgaire esclave
le fait très bien.
Et pour annoncer quoi:
le jour du débarquement
et la colère furibarde
d'un vieux nazi-mazo.
Moi, je ne suis pas esclave
mais ministre,
au sens noble
si vous voyez,
ministre et dieu
en tout cas moi
c'est à Jupiter que j'obéis
et c'est sur son ordre moi
que je me trimbale ici.
Ainsi j'ai droit
qu'on se range
et qu'on se gare
devant moi.
Papa m'appelle
et je réponds:
toujours prêt,
à tes ordres.
Tel doit être
un bon fils
envers son papa.
Et tel suis-je.
Aussi le sers-je
dans ses amours
dans ses fantasmes.
Je le poulotte,
je le bichonne,
je l'assiste,
je le conseille,
je l'enthousiasme,

et je le félicite.
S'il est heureux
moi je suis heureux
et plus que lui encore.
Il fait l'amour
et pourquoi non
il a raison,
il suit son cœur,
meilleur docteur.
J'en vois quelques-uns
qui feraient bien
d'en faire de même
sans Mémène,
et sans faire du tort
à tous les militaires.
Mais aujourd'hui
papa s'est choisi
la tête du bidasse,
vainqueur,
pour le vaincre
dans son cœur
son âme sœur.
Spectateurs
il va y avoir
de la peur,
de la sueur,
de la douleur,
garanties ou
remboursées.
On va rire!
Je vais me mettre
un haut-de-forme
sur la tête
— genre pochard —.
Je grimpe sur la terrasse
et de là je le terrasse,

quoi qu'il bavasse
le grand bidasse,
s'il fait l'as
et me menace
de l'audace
de vouloir m'as-
sommer, hélas!
C'est le rapace
fallace
qu'il faut que je déporte
de notre propre porte
et je vais illico
le rendre alcoolo
et sans qu'il ait bu
il sera imbibé,
le beau bébé,
pas vu, su, ni connu,
tout nu!
Et puis
c'est Sosie,
le scélérat,
qui trinquera,
que son maître punira
L'autre le tiendra
pour responsable
de mes exécrables
actions du diable.
C'est pas mes oignons.
Moi je veille sur la passion
de papa, et ma seule préoccupation
est d'obéir à ses injonctions.
Mais voilà l'Amphitryon
qui débarque; votre attention
et voyez de quelle façon
on va lui donner sa leçon!
Je rentre,

je m'accoutre
en soiffard,
en pochard,
et puis moi,
du haut du toit,
je parviendrai ainsi
à le chasser d'ici,
de chez lui,
de son propre logis.

(*Il rentre*)

Scène 5

AMPHITRYON, LE CHŒUR DES JOURNALISTES.

Journalistes: On aura beau dire, c'est tout de même dur d'être cocu! Encore: quand on ne sait pas, ça peut être supportable. Mais quand on a un doute: quelle torture! Enfin, remarquez: il y en a aussi qui prétendent que ça porte bonheur et même que ça peut rapporter gros comme le loto... On va bien voir ce que feront les dieux pour ce pauvre Amphitryon, qui revient tout juste du port, avec une bien triste mine

Amphitryon: Ah! Ce Naucrate! Quelle queue d'anguille! Pas moyen de mettre la main dessus! A bord, il n'y était pas. Et il n'y a pas un seul type qui ait pu me dire l'avoir vu chez lui ou même en ville. J'ai arpenté toutes les places, les gymnases, même les boutiques de parfums! J'ai crapahuté du port au marché, en passant par le stade, le forum. J'ai fait les médecins, les coiffeurs et tous les édifices religieux et les sacristies. Je n'en peux plus, à force de le rechercher. Envolé, disparu sans laisser d'adresse, inconnu au bataillon, le Naucrate! C'est pas tout ça: il faut maintenant que je rentre chez moi, pour reprendre l'interrogatoire de ma titulaire. Je veux savoir, savoir dans les bras de qui elle a livré son corps à la prostitution. Plutôt la mort que de renoncer à cette enquête. Mais, ils se sont enfermés dans la maison! Ah, ben, bravo! Voilà qui confirme tout le reste! Je m'en vais te cogner dans cette porte! Ouvrez! Nom de Zeus! Il y a quelqu'un? Il y a personne qui m'ouvre cette porte?

Journ.: Mon pauvre Monsieur! Nous, on est bien là. Mais on n'a pas la clé. Faudrait peut-être voir un serrurier? Vous avez le temps! On a préféré couper l'antenne... Pour éviter les poursuites!...

Scène 6

MERCURE, AMPHITRYON, LE CHŒUR DES JOURNALISTES.

Mercure: (*Du haut de la terrasse*) Qui c'est qui fait boum-boum?

Amphitryon: C'est moi!

Merc.: Moi, qui, *mister* Boum-Boum?

Amphi.: Moi, mais: moi!

Merc.: Les dieux l'ont rendu fou, pour cogner comme cela dans une porte, notre porte!

Amphi.: Qu'est-ce que ça veut dire?

Merc.: Ça veut dire, mon pauvre vieux, que tu ne seras plus jamais le même homme!

Amphi.: Sosie!

Merc.: Exact! C'est moi, Sosie! Même que je m'en souviens! Alors, c'est à quel sujet?

Amphi.: A quel sujet? Fripouille!

Merc.: Exact: et tu réponds quoi, imbécile, qui a failli faire sauter les charnières de cette porte? Monsieur s'imagine peut-être que le bâtiment est classé monument historique et entretenu par l'Etat? Qu'est-ce que tu as à me regarder avec cet air stupide? Qu'est-ce que tu veux encore? Et d'abord: qui es-tu?

Amphi.: Petite frappe! Elle me demande qui je suis! Cette petite dévoreuse de triques! Tu vas voir, grande impertinente, comme je vais te réchauffer le dos avec mon martinet!

Merc.: Ah! Toi! Quand tu étais jeune, tu as dû en donner des coups de fouet!

Amphi.: Et pour quelle raison?

Merc.: Pour venir les mendier, maintenant que tu es vieux!

Amphi.: Ah! La salope! Je vais t'en donner, moi! Après ce que tu as dit: tu vas avoir droit au supplice de première, avec la croix et même la bannière!

Merc.: Et moi je voudrais t'offrir un petit sacrifice.

Amphi.: Comment ça?

Merc.: Ben, j'aimerais te flanquer une sacrée déculottée!

Amphi.: Et toi, ma petite pute, je te consacrerai une belle potence!

Journalistes: Cela chauffe tellement que le câble a fondu!

L'obscurité! Dans nos casques, on a mal le retour! On n'entend que des bribes, des fragments de conversation, qui semblent provenir de Plaute lui-même!

Mercure vient de menacer Amphi. avec un pot de chambre! Et puis, après, il semblerait qu'Amphi. ait pu apercevoir Blépharon par une fenêtre! Ou qui venait en compagnie du vrai Sosie? Alcmène serait alors apparue, en compagnie de Jupiter. On imagine la scène! Pris entre Amphi. et Jupiter, Blépharon ne sait plus à quels saints se vouer! Jupiter le traite de «plumitif de la marine» et encore de «maître-nageur-dragueur» ou, si on comprend autrement de «chef de rame qui se branle en cadence»… Bref, et en gros, le pauvret ne sait plus où donner de la tête! Il n'a plus qu'une seule idée: larguer les amarres.

Voilà, c'est à peu près tout. A vous, Cognac-Gay!

Mais la lumière revient enfin!

ACTE IV Scène 1

BLEPHARON, AMPHITRYON, JUPITER.

Blépharon: Débrouillez-vous entre vous! Moi, je me tire! J'ai du boulot, moi! Dans mes voyages, j'ai vu pas mal de magouilles, mais un machin pareil: jamais!

Amphitryon: Beau capitaine! Ne t'en vas pas, s'il te plaît, reste-là pour m'assister.

Bléph.: Messieurs, bien le bonsoir! Serviteur! Mais pas assistant! D'ailleurs, honnêtement, je ne sais plus duquel de vous deux j'ai pu être le second? (*Il sort*)

Jupiter: Bon, moi, je m'excuse mais il faut que je rentre: Mémène est en train d'accoucher!

Amphi.: Cette fois-ci, f-i-n-i, pour moi, tout est fini. Je suis foutu, sans ami, sans personne pour m'assister. Si toi aussi tu m'abandonnes! Pauvre *cow-boy* solitaire! Mais l'autre Grand-*Sachem*, je vais te le faire scalper en beauté. Ça va être son été indien à cette peau rubiconde, à ce vieux pot de minium! Direct: je fonce chez le roi et je lui balance toutes les Annales. Ah mais! Et ce serait bien le diable si je ne parvenais pas à me venger de cet espèce de Grand-Sorcier emplumé, qui a mis son œil mauvais dans toutes les cervelles des habitants de mon *teepee*! Mais où est-il passé? Sûr: il est rentré là-dedans, avec ma *squaw*! Je perds la raison! Je ne sais plus où je suis et où j'en suis! Y a-t-il à Thèbes un mortel plus misérable que moi? Et maintenant, que faire? Je suis ignoré de tous. Je suis le jouet de la fantaisie de tous. Plus d'hésitation: je fonce et j'enfonce la porte: et tout être que j'aperçois encore en vie, boniche, larbin, la Reine et son Ruy-Blas, Dom Salluste et le Pape, sitôt vus, je te les étripe sur le champ et sur place. Et même s'ils le veulent, Jupiter et sa clique ne m'empêcheront

pas d'aller jusqu'au bout de la solution finale! Chargez! A
l'attaque! A l'abordage!
(*Un coup de tonnerre retentit. Amphi. tombe évanoui. Des serpents descendent du ciel, etc...*)

ACTE V Scène 1

AMPHITRYON, BROMIE, LE CHŒUR DES JOURNALISTES.

Journalistes: Mais qui sont ces serpents qui sifflent sur nos têtes d'antennes?

Bromie: L'espoir et la force de vivre gisent pour moi, morts, dans le sépulcre de mon cœur, et toute la confiance que je pouvais avoir en l'avenir s'endort dans le tombeau de mon âme. C'est comme si tout conspirait à ma perte: la mer, la terre et le ciel semblent me poursuivre et me pourchasser, comme pour m'écraser, comme pour m'écrabouiller! Pitié pour moi: je ne sais plus que faire? Il est tombé tant de prodiges sur notre maison! Il s'est abattu tant d'extraordinaire sur notre toit! Je n'en peux plus, j'ai la tête qui tourne, je voudrais un peu d'eau! Pitié, mon dieu! Je suis brisée, complètement cassée! Ma tête, ma tête! Je n'entends plus rien! Je ne vois plus rien! Nulle part au monde, il n'y a pas une femme plus à plaindre que moi! Sinon ma pauvre maîtresse, avec tout ce qui lui est arrivé aujourd'hui, en ce jour d'aujourd'hui, qui luit si lourd. Dès qu'elle ressent les premières douleurs, elle implore les dieux. Alors, il y eut des sifflements stridents, grondants, tonitruants et des éclairs de plus en plus soudains, proches et violents. Chacun, au bruit de ce fracas effroyable tombe sur place, face à terre. Alors, on entend une je ne sais quelle voix, terrifiante, qui clame à toute force: «Alcmène, on vole à ton aide: ne crains rien! Voici que, du haut du ciel, descend un de ses hôtes familiers. Il vient à toi, pour te protéger, toi et tout ceux qui te sont chers». Et la voix d'ajouter: «Relevez-vous, vous tous, que la manifestation formidable de ma force a jeté à terre». J'étais parmi ceux qui étaient naturellement tombés. Je me suis relevée. Et là, j'ai regardé et j'ai vu. La maison était illuminée par les éclairs! J'ai d'ailleurs pensé qu'elle brûlait. C'est à ce moment qu'Almène m'a appelée, en criant de toutes ses forces! L'épouvante me pénètre encore plus profondément, mais le devoir l'emporte. Je cours, je vole pour savoir ce qu'elle veut et je vois qu'elle avait mis au monde deux jumeaux, alors que parmi nous, les femmes de la maison et même du quartier, personne n'avait rien remarqué. Personne ne s'était aperçu de quoi que ce soit et personne n'aurait pu prédire une date! (*Elle aperçoit Amphi. foudroyé*). Mais qu'est-ce que c'est que ça? Encore un vieux clochard! Mais il ne bouge plus! Il demeure inerte, sur le sol, devant le seuil! La foudre de Jupiter l'aurait-elle frappé? Sainte-Mère! Il a bien été foudroyé! Et on l'a laissé sur le carreau pour mort et enseveli. Approchons-nous, pour voir un peu à qui il ressemble, ce gentil macchabée! (*Elle retourne le corps*). Ma parole: c'est le patron, Amphitryon, (*Elle le secoue*). le patron, Amphitryon!

Journalistes: On aura tout vu et tout vécu! Amphitryon, le macchabée!

Amphitryon: Je... Suis... Mort!

Brom.: Lève-toi et marche! Debout les morts!

Amphi.: Les morts n'ont plus de pieds.

Brom.: Alors, donne-moi ta main!

Amphi.: Mais qui est-ce qui me tire comme cela?

Brom.: Bromie, Monsieur, la servante de Madame.

Amphi.: J'ai eu une peur bleue! Jupiter m'a frappé de sa foudre! J'ai l'impression de revenir des Enfers! Mais que fais-tu, là, devant la porte?

Brom.: C'est la même panique qui nous a forcées, moi et les autres, à sortir pour fuir la maison. Nous étions terrorisés. En plus, à l'intérieur, nous avions assisté à des phénomènes extraordinaires. J'ai la guigne! La poisse et le cœur encore tout chaviré!

Amphi.: Voilà! Voilà! Abrégeons! Dis-moi plutôt si tu me reconnais, moi, Amphitryon, ton patron?

Brom.: Sûre!

Amphi.: Regarde-moi bien encore un coup.

Brom.: Sûre! O.K.!

Amphi.: Dans cette baraque, c'est la seule qui ait conservé toute
    sa tête!

Brom.: Mais non: personne ne l'a perdue!

Amphi.: Sauf moi! Mais c'est ma femme qui m'a rendu fou avec
    ce qu'elle a commis!

Brom.: Alors là, je t'arrête: il ne faut pas dire ça. En quelques mots,
    je vais te montrer que tu as une épouse sage et fidèle. Premiè-
    rement, Alcmène vient de donner le jour à deux garçons!

Amphi.: Deux garçons, tu dis?

Brom.: Des jumeaux, quoi!

Amphi.: Les dieux sont avec moi!

Brom.: Laisse moi continuer et tu verras à quel point les dieux
    sont avec toi et ta femme aussi.

Amphi.: Parle!

Brom.: Aujourd'hui même, quand ta femme a ressenti quelques
    douleurs dans le ventre, comme c'est le cas pour toutes les
    femmes en couche, alors elle a invoqué les dieux pour qu'ils
    l'aident. Elle s'était purifié les mains et avait posé un voile
    sur sa tête. Alors, aussitôt, un coup de tonnerre fracassant
    retentit. C'était comme si la maison s'écroulait! Elle resplen-
    dissait de partout. On aurait dit qu'elle était tout en or!

Amphi.: Quand tu auras fini tes galéjades, j'y verrai plus clair.
    Mais bon, continue!

Brom.: Pendant que tout cela s'accomplissait, autre miracle: per-
    sonne n'a entendu ta femme gémir ou en train de pleurer.
    C'est vraiment le cas de le dire: en toute certitude, elle a
    accouché sans douleur. C'est la première dans le genre!

Journ.: Assurément, nous tenons là notre *scoop!*

Amphi.: J'en suis bien heureux, malgré tout ce qu'elle m'a fait.

Brom.: Chasse toutes ces pensées et écoute la fin de mon histoire.
    Quand elle eut accouché, elle nous commande de donner un
    bain aux petits. Mais celui que j'ai lavé moi, qu'il est grand et
    qu'il est costaud! Personne n'a pu l'emmailloter serré dans le
    berceau!

Amphi.: Tu me chantes monts et merveilles! Si tout ce que tu dis est
    vrai, il est évident que les dieux sont venus en aide à ma femme!

Brom.: Attends! Attends! Tu vas être bien plus émerveillé: une fois que ce petit Jésus fut couché dans sa crèche, voici que, du haut du toit, par l'ouverture du *patio*, dans le jardin intérieur, descendent deux serpents à crête, énormes monstres volants! Ils touchent le sol et, tout deux en même temps, ils dressent leurs têtes effroyables!

Amphi.: Ah! Horreur! Malheur!

Brom.: Pas de panique! De toute la perspicacité de leurs yeux affreux, les serpents nous examinent tous. Ils aperçoivent les petits. Ils foncent droit sur les berceaux! Et moi, je tire les berceaux à l'écart, aussi doucement que je peux. Vraiment, j'avais peur pour les deux petits et j'étais même terrorisée pour moi-même. Et les serpents nous pourchassaient! Le cauchemar! Jusqu'au moment où soudain, notre petit surdoué saute de son berceau. Il se précipite tout droit sur les monstres. Dans chaque main, il en tient un. Tu ne peux pas imaginer la fougue de sa force!

Journ.: Quelles merveilles nous conte-t-elle? Quelle émouvante saga! Quelle pure et dure aventure, digne des médias et de leurs moyens de moyenner l'information infuse et non confuse!

Amphi.: Après! Après! Je frissonne!

Brom.: Le petit étrangle les reptiles! Le *baby,* entre la main et le coude, se rembobine les boas comme de la ficelle à cerf-volant! Et pendant ce temps-là, soudain, on entend, d'en-haut, une puissante voix qui appelle Alcmène.

Amphi.: La voix de qui?

Brom.: La voix de son maître... Pardi: Jupiter, le chef suprême des hommes et des dieux. Et la voix dit qu'elle a entretenu avec Alcmène des relations secrètes au sommet, et que le petit dompteur de serpents serait son fils!

Amphi.: Bon! Alors! Les choses étant ce qu'elles sont: j'aurais mauvaise grâce à pleurnicher sur mon sort. C'est pas tout le monde qui peut prétendre partager sa moitié pour moitié avec Jupin!

Journ.: Magnifique comme cocu!

Amphi.: Bromie, tu vas à la maison me faire préparer mes vases sacrés, pour que je puisse faire mes offrandes sacrificielles en l'honneur du très grand Jupiter. On pourrait peut-être encore, pour faire chic et en même temps tragique, se faire venir ici le devin Tirésias. Il y a maintenant des *charters*, à tous les prix! Cela nous permettrait de causer avec, de lui demander ce qu'il faut faire ensuite, et de lui raconter nos aventures incroyables et qu'il n'a pas pu entrevoir dans ces voyances extralucides!

Journ.: Mais qu'est-ce qui se passe encore? Que signifient ces nouveaux coups de tonnerre?

Amphi.: Dieux du ciel! Pitié pour moi! Protégez-moi!

Scène 2

JUPITER, AMPHITRYON, BROMIE, LE CHŒUR DES JOURNALISTES.

Jupiter: (*Du haut du ciel de la galerie*). Amphi.! Sois pleinement et parfaitement tranquillisé! *BE COOL!* Décontracté! Je suis là uniquement pour t'apporter mon aide et mon soutien, pour toi et tous les tiens. Tu n'as plus rien à craindre. Tu me mets à la porte tous ces devins, ces haruspices et ces astrologues de mes deux. Moi, le passé, le présent et l'avenir, je vais te les dire et bien mieux qu'eux! Je suis Jupin, oui ou non, hein? Résumons la situation. Elle n'a rien d'exceptionnelle, finalement. Je suis Jupiter, c'est entendu! Mais si tu savais comme les dieux s'ennuient? Voilà! C'est tout! C'est pas la peine de le répéter, mais Vénus a pris un coup de vieux, son coup des dieux! Quant aux autres! Pitié! L'éternité est longue! Alors, voilà: une petite femme honnête et gentille et aimable, une petite femme tout simplement, au lieu de toutes ces déesses cent fois *liftinguées*, ben voilà: j'ai craqué. J'ai séduit Alcmène et la pochette surprise, c'est la séduction de ce fils. Mais, pour dire toute la vérité, humaine et divine, toi aussi, tu l'as rendue mère, en partant pour le front. Et ce qui est bien, vois-tu, c'est que les deux petits soient nés en même temps. L'enfant qui vient de moi te vaudra bien des satisfactions et une grande gloire par ses exploits. Quant à toi, tu dois rendre à ta Mémène tout ton amour du temps passé, comme si rien ne s'était passé! Elle ne peut encourir aucun de tes reproches, car elle n'a fait que subir inconsciemment mes faveurs! C'est de la contrainte, pure et pas simple, sauf si l'on admet qu'elle est divine? Tu en penses ce que tu veux! C'est moche et c'est comme ça, comme la vie, quoi! En attendant, *by by*, moi je remonte dans mes cieux! *Tchao!*
Journalistes: C'est l'apothéose ou on ne s'y connaît plus!
(*Il disparaît dans les nues*).

Scène 3

AMPHITRYON, LE CHŒUR DES JOURNALISTES.

Amphitryon: Bon voyage et le bonjour chez vous, à Madame Junon! C'est entendu comme cela, on est bien d'accord: moi, je ferai ce que tu m'as ordonné, et toi, je t'en supplie, tu n'oublies pas ce que tu m'as promis. On est bien d'accord: entendu! Je rentre trouver ma femme et quant au vieux Tirésias, je lui donne son billet de congé-payé, pour qu'il nous débarrasse le parquet et qu'il aille jeter la pagaille dans une autre tragédie ou quelque drame larmoyant. Vous m'excusez, mais j'ai hâte de rentrer retrouver ma pipe, mes pantoufles et ma pépé! Bonsoir la compagnie!

Journalistes: Et maintenant, chers téléspectateurs et trices, on applaudit très fort, en l'honneur du Grand Jupiter qui a bien voulu être notre invité de ce soir. Et encore bravo et bravo à vous tous et à chacun, chacune qui êtes venus si nombreux encourager le talent des acteurs et le génie de l'auteur. Et encore un grand merci à tout le monde… Comme qui dirait encore «c'est imprévu mais c'est moral! Ainsi fini la comédie, quand elle est divine». Et n'oubliez pas de répandre autour de vous la bonne nouvelle de la naissance du fils du dieu suprême. Ça n'arrive qu'une fois sur deux: c'est pourquoi c'est pas plus mal, si vous le pouvez, d'avoir des jumeaux. Et maintenant, on chante tous en chœur et très fort:

Refrain: Il est né le Divin Enfant
              Jouez hautbois, résonnez musettes.
              Il est né le Divin Enfant
              Chantons tous son avènement.

Couplet: Les mortels dans l'accablement
              Ecoutant la voix des Prophètes
              Les mortels dans l'accablement
              Attendaient cet heureux moment.

Refrain: Il est né le Divin Enfant
              Jouez hautbois, résonnez musettes.
              Il est né le Divin Enfant
              Chantons tous son avènement.

Couplet: Depuis plus de quatre mille ans
              Nous le promettaient les Prophètes
              Depuis plus de quatre mille ans
              Nous attendions cet heureux temps.

Refrain: Il est né le Divin Enfant
              Jouez hautbois, résonnez musettes.
              Il est né le Divin Enfant
              Chantons tous son avènement.

ORIENTALISTE, KLEIN DALENSTRAAT 42, B-3020 HERENT